성공적인 삶을 위한 지침서

NLP로의 초대

NLP

리처드 밴들러, 알레시오 로베르티, 오언 피츠패트릭 지음
가족연구소 마음 옮김

Σ 시그마프레스

NLP로의 초대
성공적인 삶을 위한 지침서

발행일 | 2016년 5월 30일 1쇄 발행

지은이 | 리처드 밴들러, 알레시오 로베르티, 오언 피츠패트릭
옮긴이 | 가족연구소 마음
발행인 | 강학경
발행처 | ㈜ 시그마프레스
디자인 | 오선형
편집 | 이호선

등록번호 | 제10-2642호
주소 | 서울특별시 영등포구 양평로 22길 21 선유도코오롱디지털타워 A401~403호
전자우편 | sigma@spress.co.kr
홈페이지 | http://www.sigmapress.co.kr
전화 | (02)323-4845, (02)2062-5184~8
팩스 | (02)323-4197
ISBN | 978-89-6866-666-7

THE ULTIMATE INTRODUCTION TO NLP

＊책값은 뒤표지에 있습니다.
＊이 도서의 국립중앙도서관 출판예정도서목록(CIP)은 서지정보유통지원시스템 홈 페이지(http://seoji.nl.go.kr)와 국가자료공동목록시스템(http://www.nl.go.kr/kolisnet)에서 이용하실 수 있습니다.(CIP제어번호 : CIP2016011937)

차례

역자 서문

빠르게 변화하는 시대를 살아가면서 현대인들은 타인으로부터 또는 자기 자신으로부터 많은 상처를 받고 있다. '힐링'이라는 단어는 이 시대에 가장 중요한 이슈가 되었으며 사람들은 행복하게 사는 방법, 잘 사는 방법을 찾고 있다. 자신의 과거를 성찰해 보기도 하고, 복잡한 마음을 다스리기 위해 다양한 명상을 시도해 보기도 하며, 미래에 대한 꿈을 가지고 문제를 다스릴 수 있는 자기 관리 방법을 찾고 있다.

NLP는 인간 잠재력 개발 방법이다. 성공한 탁월한 사람이 생각하고, 보고, 듣고, 느끼고, 행동하는 것을 모델링해서 최상의 자기 성취를 하게 하는 접근 방법이다. 우리의 내부에서 처리되는 정보를 활용해서 내부 프로그램의 활용 방법을 바꿈으로써 개인이 우수하게 변화될 수 있다. 결과적으로 NLP는 내면에 긍정적인 변화를 일으켜 뇌에 작용한다는 것이 확인되었고, 이는 자신이 원하는 삶의 경험을 선택할 수 있도록 기술

습득과 문제 해결을 넘어서는 변화모델로 발전하게 되었다.

이 책은 NLP 공동 창시자인 밴들러가 지도·훈련하는 워크숍에 직접 참여하여 그곳에서 배운 것을 자신의 삶에 적용해 보는 주인공 조를 중심으로 한 이야기의 형태로 서술하고 있다. 고등학생에서부터 연기자 지망생, 회사원, 정신과 의사에 이르기까지 다양한 연령과 직업을 가진 워크숍 참가자들이 자신의 직장과 일상생활에서 NLP를 적용하여 변화해 가는 모습을 담고 있다.

이 책을 읽으면서 나도 이들과 함께 워크숍에 참석하는 느낌으로 책에서 제시하는 여러 방법들을 직접 시도해 보기도 하고 일상생활에 적용시켜 보기도 하였다. 눈을 감고 내 생애 가장 행복했던 순간을 떠올려 보았으며, 그 느낌을 내 몸속 전체에 퍼트려 보기도 하였다. 이 과정에서 나의 과거 경험의 구조를 바꿈으로써 경험의 내용도 바꿀 수 있음을 체험할 수 있었다. 이는 마치 워크숍 지도자인 밴들러가 나만을 대상으로 강연을 하면서 나의 문제들을 함께 해결해 주는 듯한 기분이었다.

이 책은 행복한 삶을 살아가는 세 가지 방법을 제시하고 있다.

첫째, 기분 좋게 느끼는 방법이다. 지금의 우리는 우리의 과거 역사라기보다는 그에 대한 현재 우리의 반응이며, 지금의 반응은 미래의 우리를 만들어가는 것이다. 우리에게는 자신의 마음을 행복으로 채울 것인지 아니면 걱정으로 채울 것인지에 대한 선택이 있음을 제시하고 있다.

두 번째, 능숙한 의사소통가가 되는 방법으로 자기 자신과의 관계뿐만 아니라 다양한 관계를 만들어가는 방법에 대한 실용적인 해답을 제시한다. 우리가 함께 살아가는 사람들과 소통을 통하여 깊은 공감과 연결감을 느낄 수 있다면 얼마나 우리의 삶이 풍요로워질 수 있는지 상상해 보라. 또한 우리의 말 속에 들어 있는 수많은 의미를 명료화하고 구체화 함으로써 상호 이해를 돕고, 대화를 더욱 풍성하게 만드는 방법들을 가 르쳐준다. 언어는 실로 위대한 힘을 가지고 있다. 그 힘을 이용하여 우리 는 행복해지고 우리가 사랑하는 사람들에게 그 행복감을 전달해 줄 수 있는 방법을 찾을 수 있다.

마지막으로 밴들러는 훌륭한 삶을 창조하는 방법으로 다시 한 번 우 리에게 어떤 삶을 살고 싶은지 선택할 수 있는 기회를 준다. 우리의 과거 를 후회하면서 살 것인지, 아니면 우리의 과거를 밝은 미래를 위한 경험 의 시간이었음을 지금-여기서 재경험함으로써 내면의 소리들을 변화시 킬 것인지는 우리의 선택에 달려 있다.

이 책은 NLP를 처음 접하는 누구나 하루 저녁만에도 쉽게 읽을 수 있 는 NLP 입문서이다. 하지만 이 책을 읽는 것만으로 모든 것이 달라지지 는 않을 것이다. 책 속의 워크숍 참가자들처럼 진정 변화를 원하고 행복 한 삶을 살고 싶다면 도전해 보아야 한다. 워크숍의 참가자가 되어 책에 서 제시하는 나쁜 기억을 지우는 방법, 긍정적 느낌을 증폭시키는 방법을 직접 실행해 보고 의식적으로 메타모델 질문들을 스스로에게 던져 봄으 로써 내면의 부정적인 비판들을 없애는 데 소중한 시간을 투자해야 한다.

그로 인해 여러분의 삶이 더 행복해진다면 다시 태어나는 듯한 기쁨을 맛보게 될 것이며, 그 시간이야말로 진정 가치 있는 시간이 될 것이다.

역자 일동

이 책에 대하여

이 책은 리처드 밴들러의 가장 최신 저작으로, 두 가지 주제를 다룬 워크숍의 내용이 포함되어 있다. 이것은 밴들러의 NLP 개론 강연에 참석하여 그의 가르침을 듣고, 그가 가르쳐 준 기법들을 실행하고, 다른 참가자들을 만나고, 강연 내용을 어떻게 개인적이며 전문적인 삶에 적용할 수 있는지에 대한 참가자들의 생각과 통찰력을 공유하면서 배워 가는 조라는 한 남자에 대한 이야기이다.

이 책을 읽음으로써, 당신 역시 강연 참가자들 중 한 명이 되어서 그들이 듣는 것을 듣고, 보는 것을 보고, 경험하는 것을 경험하고, 배우는 것을 배울 수 있다!

우리는 참가자가 트레이닝의 중심이고 각 사람은 자신만의 욕구와 욕망, 문제, 바람을 가지고 있으며, 참가자 각각은 새로운 아이디어, 도구,

해결책을 찾고 있기에 강연 참가자를 주인공으로 한 책을 쓰기로 결심하였다.

우리들 역시 오랫동안 리처드의 강연 참가자였다. 그 후 우리는 둘 다 트레이너가 되어 10년 이상 리처드의 국제 강연에서 보조원으로 일해 왔다. 요즘 우리는 운 좋게도 국제 트레이너가 되었고 리처드에게 배운 것을 전 세계와 나누고 있다. 따라서 우리가 리처드와 함께 이 책의 공동 저자가 되어 지금까지 리처드와 학생들로부터 배운 것을 공유하게 되어 큰 영광이다.

우리는 전 세계적으로 공유되어야 하는 핵심적인 메시지가 이 내용에 있다고 믿기 때문에 이 책을 썼다. 세계는 빠르게 변화하고 있고, 그 변화는 우리가 그 어느 때보다도 많은 자원을 가졌으며, 현대 기술은 놀랍고 멋진 일을 할 수 있게도 하였지만, 우울, 불안, 두려움, 공포, 그리고 스트레스도 함께 상승하였다는 역설적인 깨달음도 불러 왔다.

이 책의 핵심 메시지는 당신이 자신의 삶을 통제할 수 있도록 도울 수 있는 소중한 도구들이 있다는 것이다. 이 책에서 리처드는 당신의 생각과 인생을 어떻게 변화시킬 수 있는지 가르쳐 줄 것이고, 아울러 당신이 다른 사람들에게 그들 자신의 인생을 변화시킬 수 있도록 어떻게 도울 수 있는지도 가르쳐 줄 것이다.

우리는 로마에서 이 책을 쓰기 시작했고, 더블린과 런던, 그리고 뉴욕에서 작업을 하였으며 로스앤젤레스, 도쿄, 그리고 심지어 호주에 있는 사람들로부터도 피드백을 받았다. 이 책은 NLP 워크숍에 참가한 수천 명의 사람들을 20년 동안 인터뷰한 결과물이며, 우리와 함께 그들의 경험을 공유해 준 참가자들의 결실이다. 이것은 NLP뿐만 아니라 인생을 바꾸기 위해 NLP를 활용하는 방법을 배우는 데 초점을 맞춘 국제적인 프로젝트이다.

오늘날 세상은 정신 변혁이 절실히 필요하다. 더 나은 세상을 만들기 위해서는 반드시 희망을 주입해야 한다. 우리는 빠르게 돌아가는 도전의 순간에 우리 자신이 떠밀리도록 그냥 놔둘 것인지, 아니면 자신이 원하는 방향으로 갈 수 있도록 결정할 것인지의 중요한 갈림길에 서 있다. 우리는 방향의 변화 그리고 의식의 변화가 필요하다. 우리는 세상이 어떻게 변해 가야 하는지에 대하여 이야기할 권리가 있다는 것을 알 필요가 있다.

NLP는 운동이다. 당신도 이 운동에 참여할 수 있다. 지금 시작하라. 당신의 차례이다!

알레시오와 오언

THE ULTIMATE INTRODUCTION TO NLP

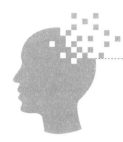

제1장

NLP 창시자와의 워크숍

조는 주머니에 전화기를 다시 집어넣으면서 깊은 한숨을 쉰 후 마음을 가라 앉혔다. 방금 전 여자 친구와 말다툼을 했기에 그는 분명 최상의 기분은 아니었다. 그렇지만 그는 오늘이 중요한 날이며 자신의 최고의 기량을 발휘해야 한다는 것을 잘 알고 있었다. 그는 호텔 로비로 걸어 들어갔고 곧 워크숍 신청을 받는 보조원들 사이에서 친숙한 얼굴을 보았다.

조는 그를 반기는 앨런을 바라보며 미소를 지었다. "조! 만나서 정말 반가워." 앨런이 소리쳤다. "나도." 조는 답하였다. "나는 오늘을 정말 고대해 왔어. 드디어 NLP에 대하여 더 알아보기로 결심했어."

NLP는 '신경언어 프로그래밍(Neuro-Linguistic Programming)'을 의미한다. 이 주제에 대한 많은 책들을 보았기에 조는 그것이 얼마나 인기 있는지를 짐작할 수 있었다. 그는 NLP가 사람들로 하여금 더 효율적으로 생각하고 의사소통할 수 있도록 해 주는 태도와 방법론이라고 이해하였으며, 그는 그 둘 다 필요했다. 1년 전까지만 해도 그는 그 자신과 그의 삶 자체 모두가 변화 불가능하며 스스로 할 수 있는 것은 아무 것도 없다는 신념에 굴복하였다. 하지만 NLP를 배운 후 변화는 가능하다는 것을 알게 되었고, 이제 그는 자신을 변화시켜 발전하고 싶었다.

"오늘 준비된 것을 미리 알려주자면" 앨런이 이야기를 시작했다. "너는 이미 리처드가 활동하는 것을 보았지. 오늘은 NLP 분야, 그 자체에 대하여 더 배우게 될 거야."

앨런은 NLP의 공동 창시자인 리처드 밴들러 박사에 대해 이야기하고 있었다. 조는 1년 전에 참석했던 한 강연에서 리처드를 만났다. 그 당시 그는 외로웠고 우울했다. 그를 돕기 위해 그의 여동생 마리아는 '자유를 선택하라'라는 주제로 3일 동안 진행되는 강연 안내 전단지를 그에게 주었고, 그 강연에는 밴들러 박사와 함께하는 워크숍이 포함돼 있었다. 그는 그곳에서 그 강연의 보조원이었던 앨런을 만났다.

앨런은 "늘 그랬듯이, 내가 할 수 있는 모든 면에서 도움을 줄게"라고 말했다.

"좋아, 정말 고마워"라고 조가 대답하였다.

이전에 참석했던 3일간의 강연을 통하여, 조는 난관을 이겨낼 수 없을 듯 보일 때조차도 도전이 가능하다는 것을 점차 깨닫게 되었다. 이제 그는 간절히 더 많은 것을 배우고 싶었다.

"그래서, 오늘 하이라이트는 뭐니?"

"강렬한 감정 상태에 접근하는 놀라운 전략을 배울 거고, 사람들과 더 잘 의사소통할 수 있고, 너는 삶의 여러 부분에서 발전하게 될 거야. 이런 것을 설명하는 최고의 방법은 아마도 차이를 만들어 내는 것은 차이라는 것일 거야. 그게 바로 성공적인 삶을 만들어 내는 방법이지."

조는 그 순간에 진정으로 성공을 필요로 하였다. 그는 두 가지 문제를 직면하고 있었다. 첫 번째 강연 후 그의 상황은 정말로 변화하고 있었다. 그는 이제 좋은 직업을 가지고 있었고 그가 정말 좋아한 여자와 좋은 관계를 맺고 있었다. 그는 바랐던 모든 것을 가지고 있었다. 하지만 그것은 또한 잃을 것이 많다는 것을 의미했다. 사실 그는 12개월 전보다 더 불안하게 느꼈다! 그가 그의 삶에 많은 것을 가지고 있지 않았을 때에는 그에게 무슨 일이 벌어지거나 또는 그가 무슨 일을 하는지는 그리 중요하지 않았다. 하지만 지금 그는 무엇인가를 해야 한다는 것을 알고 있었고, 곧 자신에게 중요한 것들을 유지하고 싶어졌다.

앨런이 조를 한쪽 구석으로 데리고 갔다. "그래서 요즘 어떻게 지내? 너의 아름다운 여자 친구는 잘 지내?"

"그녀는 잘 지내고 있어. 내 말은 우리는 잘 만나고 있어. 하지만 완벽한 것은 아무것도 없어. 내가 생각하기에. 음, 현재 우리는 함께 사는 것을 고려하고 있는 중이야."

"함께 산다고? 와! 좋은 소식이다. 그 중요한 날에 나를 초대해 줄 거지?"

"잠깐만 흥분하지 말아 봐, 앨런. 결혼은 완전히 다른 이야기야. 하지만 그것도 좋은 일이지."

조는 잠시 멈추었다. 그는 그의 이야기가 설득력 없다는 걸 알고 있었다.

"분명 우린 요즘 서로를 훨씬 더 많이 알아가고 있어. 그리고 우리에게는 서로 다른 점이 있지. 그래서 적응하는 데 시간이 좀 걸려."

조는 고개를 떨어뜨리고 이곳에 오기 직전에 여자 친구와의 말다툼에 대하여 생각해 보았다.

앨런이 심각하게 말하였다. "조, 만약 네가 그녀를 확실히 그 사람이라고 느낀다면 확실하게 붙잡아야 해. 만약 그렇게 하지 않으면, 넌 평생 후회하게 될 거야."

조는 고개를 들면서 앨런의 눈에서 어떤 강렬함을 알아차렸다. 그것은 무엇이었을까? 그는 앨런이 옳다는 것을 알고 있었지만 자신의 관계에 대해 말하는 것 자체가 그의 기분을 더 상하게 했다. 그는 주제를 바꾸기로 하였다.

"직장은 훨씬 좋아." 조는 자신감 있게 말하였다. "나는 승진을 했고 당연히 기분이 좋아." 그는 천천히 이야기를 이어갔다. "하지만 때때로 새로운 역할에 어려움을 겪기도 해. 이제는 고객들과 더 많은 교류가 있고 내 생각에… 나는 그리 사교적인 사람은 아닌 것 같아."

갑자기 앨런이 그를 보고 있다는 것을 깨닫고 조는 당황스러웠다.

"어쨌든 나는 상황을 사실보다 더 안 좋게 이야기하지. 나는 NLP가 나에게 도움을 줄 수 있을 것이라고 생각해. 네가 원했듯이!"

그는 소심하게 웃었다.

"이것만 기억해." 앨런이 미소를 지으며 말했다. "사교적인 사람이라는 것은 없어. 도움이 될 수 있는 것은 다른 사람들과 함께 있을 때 편안함을 느끼는 것과 그들과 더 잘 의사소통하는 것을 배우는 거야."

조는 끄덕였다.

"세미나가 도움이 될 거야." 앨런이 안심시키면서 말하였다. "됐다. 이제 신청됐어, 조. 행운을 빌어!"

"고마워!"

조가 뒤돌아 세미나실로 걸어가면서 또 다른 친숙한 얼굴을 보았다.

리처드 밴들러와 함께 했던 첫 번째 세미나에서 만났던 아일랜드계 의사인 테레사가 그에게 포옹을 하였다.

"조, 만나서 반가워요! 나의 예쁜 딸 에밀리를 소개할게요."

에밀리는 십 대 중반 또는 후반쯤으로 보였다. 그녀는 빨간 긴 머리를 하고 청바지와 미니마우스가 그려진 티셔츠를 입고 있었다. 그녀는 조와 악수를 하면서 예의 바르게 웃었다.

"음…." 어색한 분위기를 깨고 싶은 마음에 조가 말하였다. "너도 이런 곳에 처음이니? 아니면 나만 처음 온 거니?"

"저도 처음 왔어요." 에밀리가 대답하였다. "저는 집에 있는 책 몇 권을 읽었어요. 그게 다예요. 저분이 우리 가족에서는 NLP 전문가세요." 그녀는 엄지손가락으로 어머니를 가리켰다. "사람들이 하는 말 있잖아요. '오래된 빗자루가 더러운 구석을 가장 잘 안다.'[1]"

---

1 An old broom knows the dirty corners best : '많이 해 본 사람이 가장 잘 안다'는 의미의 영어 속담(역자 주).

"재미있구나. 하지만 내가 아는 유일한 더러운 구석은 너의 방에 있단다!" 테레사가 부드러운 어머니 목소리로 말하였다. "물론 나는 지난 몇 년간 NLP를 공부해 왔고 그것을 나의 개인적인 생활뿐만 아니라 진료에서도 매일 사용해요. 하지만 나는 전문가가 아니에요. 사실 내가 NLP에서 배운 최고의 교훈은 '배움이라는 것은 결코 끝나지 않는다'는 거예요. 당신이 만약 알아야 할 것을 다 안다고 느낀다면 당신은 분명히 무엇인가를 놓치고 있는 거죠! 그리고 최악은 당신의 확신에 너무 사로잡혀 자신이 무언가를 놓치고 있다는 것조차 깨닫지 못하는 거죠."

"와, 네 어머니는 쿨하시구나!" 조가 넉살스럽게 웃으면서 에밀리에게 말했다.

"최고죠." 에밀리가 말하였다. "저는 가끔 그녀가 진심일까 궁금해요!"

"둘 다 그만해요." 테레사가 조의 어깨를 치면서 말하였다.

세 사람이 세미나실로 가면서 조와 테레사는 그들이 마지막으로 만난 이후 어떻게 지냈는지 이야기를 나누었다. 한순간 그들은 가방을 샅샅이 뒤지고 있는 한 여성을 보면서 이야기를 잠시 멈추었다. 그녀는 얼굴이 빨개졌고 매우 걱정되어 보였다. 조와 테레사가 괜찮은지를 물어보려는 찰나에 그녀는 가방에서 작은 거울을 꺼내면서 안도의 한숨을 내쉬었다.

조와 테레사는 서로 힐끗 바라보았고 머리를 저었다. 화장 거울 하나로 저렇게 스트레스를 받다니, 그는 생각하였다. 만약 이번 세미나가 지난번 세미나와 비슷하다면 그녀는 많은 도움을 받을 거야.

　조, 테레사, 그리고 에밀리는 세미나실로 들어갔고 가운데 열의 중간에 세 자리를 발견했다. 조는 테레사와 세련된 양복을 입고 빨간 디자이너 안경은 쓴 50대 남성 사이에 앉았다.

　"안녕하세요, 저는 조입니다."

　"제 이름은 에드거 마틴입니다. 인생을 변화시키는 것은 게임이지요." 그 남자가 웃으면서 말했다. "만나서 반갑습니다, 조. 오늘 여기에는 어떻게 오시게 되셨나요?"

　조는 씩 웃었다. "긴 이야기를 짧게 해 볼까요? 1년 전에 저는 힘든 시기를 겪고 있었고 힘겨운 상황들에 빠져 있었습니다. 저의 여동생이 세미나에 가 보라고 저를 설득하였고 그것이 저를 둘러싼 몇몇 일들을 바꾸어 놓았어요. 저는 NLP가 관련되어 있었다는 것을 알기에 그에 대하여 좀 더 알아보고자 여기에 왔어요. 당신은요?"

　"흥미로운 길을 걸어 왔군요, 조." 에드거가 말했다. "나는 말하자면 나의 도구 상자에 몇몇 도구를 추가하고자 이곳에 왔어요. 하지만 난 수리공은 아니에요. 음, 어쩌면 마음의 수리공!" 그는 한 번 더 그 자신의 농담에 웃었다. "나는 정신과 의사이자 심리치료사예요."

　조는 예의 바르게 웃었다. "멋지네요." 그는 수첩을 꺼내면서 말하였다.

　"멋있는 수첩이네요, 조." 에드서가 발했다. "당신은 그 수첩을 어디든지 가지고 다니나요?"

　조는 끄덕였다. "음, 모든 곳은 아니고요." 그는 에드거의 유머 감각에 대응하고자 윙크를 하였지만 그에게 돌아온 것은 멍한 표정의 응시뿐이었다. 얼굴이 약간 붉어지면서 그는 계속 이야기하였다. "저는 지난번 세미나를 통하여 리처드 밴들러가 이야기를 통해 가르친다는 것을 알게 되었어요. 그래서 무의식적으로 많은 아이디어를 흡수하게 되지요. 하지만 저는 이번 워크숍을 통해서 가장 기억할 만한 관찰과 통찰을 의식적으로도 포착하고 싶어요. 저는 메모를 하는 것이 중요한 개념들과 테크닉을 복습하는 좋은 방법이라고 생각해요."

에드거는 감동을 받은 듯 보였다. "나는 수첩을 가져 올 생각을 하지 못했어요. 하지만 휴식 시간에 수첩을 하나 찾아 봐야겠어요. 외부 기억과 데이터베이스를 동기화할 수 있도록 아이패드를 가져 왔어야 했지만요!"

머리를 가리키면서 에드거는 다시 웃었고 조는 고개를 끄덕였지만 이번에는 미소 짓는 데 실패하였다.

"나는 리처드에게 배우는 것이 처음이에요." 에드거가 말을 이어갔다. "저는 단지… 저의 첫 번째 NLP 트레이너였던 앨런에게 너무 많은 것을 배워서 이번에는 그의 멘토에게 배우는 것이 좋겠다고 생각했어요. 사실 앨런도 보조로 오늘 여기 왔어요."

"아, 저도 앨런을 알아요." 갑자기 흥미로워하면서 조가 답했다. "트레이너로서 앨런은 어때요?"

에드거가 대답하기 전에 음악이 흘러나오면서 리처드 밴들러가 방 뒤쪽에 나타났다. 서로를 힐끗 보고 미소를 띠면서 에드거와 조는 그들의 대화를 미루기로 무언의 동의를 하였다. 세미나가 막 시작될 참이었다.

제 2 장

NLP 역사

리처드 밴들러가 무대 쪽으로 걸어올 때 조는 호기심을 가지고 그를 쳐다보았다. 고위 경영자들, 올림픽 선수들, 심지어 여러 나라의 대통령들까지도 NLP로부터 도움을 받았다는 소리를 들었지만 그는 여전히 NLP가 무엇인지 확신할 수 없었다. 그는 정말로 NLP를 정확하게 이해하고 싶었고 리처드 밴들러는 1970년대 초반에 NLP를 공동 창시한 사람이기 때문에 이번 세미나는 NLP에 대한 이해를 시작하기에 완벽해 보였다. 리처드가 이야기를 시작하자 조는 그의 수첩을 열었다.

이 모든 것의 배경에 대하여 이야기하면서 시작하려고 합니다. 이것이 처음 시작되었을 때, 음, 이것은 사실 뜻밖의 행운이었습니다. 저는 처음에는 수학, 논리학, 그리고 과학 교육을 받았습니다. 제가 대학생 때 한 정신과 의사의 집으로 이사를 들어가게 되었는데 그 집은 책들로 가득 차 있었습니다. 열렬한 독자로서 저는 그 책들을 읽기 시작했고 환자를 돕기 위해 무엇을 할 수 있는지를 이야기해 주는 핵심에 도달하기를 고대했습니다.

불행히도 무언가를 하는 방법을 이야기해 주는 유일한 책은 약을 처방하는 방법뿐이었습니다. 만약 사람들이 우울하면 당신은 그들을 위해 항우울제를 처방해 줄 수 있습니다. 최악은 항우울제를 복용한 많은 사람들이 여전히 우울하다는 것입니다. 약을 복용하면서 "내 삶은 여전히 엉망이야"라고 말한다면 별 소용이 없지요.

현실적인 사람인 저는 그것이 전부라는 것을 믿을 수 없었고 그래서 더 조사하기 시작했습니다.

만약 저를 계속 움직이게 한 무언가가 있다면 그것은 어려운 일들을 쉽게 할 방법을 찾으려는 의지일 것입니다. 그리고 그러한 탐색으로부터 진정 놀라운 사람 몇몇을 만날 수 있었습니다. 오늘 여러분께 그들에 대한 이야기와 제가 그들로부터 배운 것에 대한 이야기를 해 드리겠습니다.

처음에 제가 한 일이라고는 나가서 사람들이 어떻게 행동하는지를 탐색하는 것뿐이었습니다. 저는 사람들이 어떻게 행동하는지에 대한 정보를 정리할 더 나은 방법이 있다고 생각하였습니다. 제가 조현병 환자들을 만났을 때, 저는 그들이 저의 이웃들과 비슷하다고 생각했습니다. 저는 차이점을 구분할 수 없었습니다. 그들은 단지 세상에 대하여 생각하는 다른 방법을 가지고 있었습니다. 그들의 모델이나 지도는 다른 사람들의 경험과 맞지 않았습니다.

사실 지도는 영토가 아니라는 개념은 NLP의 기초가 되는 아이디어 중에 하나입니다. 이것은 세상에 대한 여러분의 이해가 세상 그 자체라기보다는 여러분이 세상을 표상하는 방법, 즉 여러분의 지도에 기반한다는 뜻입니다.

조는 이것이 중요하다는 느낌을 받았고 리처드 밴들러가 이야기를 이어감에 따라 더욱 주의를 기울였다.

세상을 이해하기 위해서 우리는 그것을 우리의 두뇌에 지도화해야 합니다. 이제 지도를 만들기 위해서 여러분은 세 가지 기초 과정들을 거칩니다.

첫째, 여러분은 정보의 부분을 삭제합니다. 지도에서 여러분은 자동차들을 그리지 않고, 옥상이 어떻게 생겼는지도 보지 않습니다. 그리고 여러분이 건물들과 같이 중요한 무언가를 삭제한 후, 여러분의 지도가 그곳에는 아무것도 없다고 말하기 때문에 여러분이 그 블록을 통과해서 지나가려고 시도하기 전까지는 유용한 과정입니다.

여러분은 이런 일을 경험해 보았나요. 여러분이 친숙한 거리를 걷고 있는데 갑자기 새 상점처럼 보이는 것을 알아차립니다. 여러분은 그 상점에 들어가고 그 상점이 문을 연지 얼마나 되었는지를 물어보고 그 상점이 그곳에 5년간 있었다는 것을 알게 됩니다!

청중들은 고개를 끄덕였다. 조는 그러한 경험이 종종 있었다는 것을 기억해냈다.

다음으로 지도를 만들 때 여러분은 일반화합니다. 지도 위에 모든 곳의 길은 그 길이 어떻게 생겼는지에 상관없이 같은 방식으로 표현되고, 파란색 모양을 보면 그것이 호수나 바다일 것이라고 예상합니다.

일반화는 학습 과정의 일부분입니다. 여러분은 불을 가지고 장난을 치다가 불에 데이고 나면, 너무 뜨거운 것은 만지지 말아야 한다는 것을 배웁니다. 그것은 좋은 것입니다. 하지만 여러분을 속이는 파트너가 있어서 여러분이 모든 사람들을 돼지같이 욕심 많은 사람이라고 결정한다면, 그것은 과잉 일반화입니다. 과정 그 자체가 좋고 나쁜 것이 아니라 중요한 것은 그것을 언제 어떻게 사용하느냐는 것입니다.

마지막으로 여러분은 정보의 일부분을 왜곡합니다. 도시의 지도는 보통 도시 그 자체보다 더 작습니다. 그렇죠? 그리고 그것은 평평합니다. 그것은 종이 위에 인쇄된 것입니다. 여러분은 삶에서 어떤 것을 실제보다 더 크게 만들던 작게 만들던 그것의 비율을 망칠 때마다 정보를 왜곡합니다.

무언가를 왜곡하는 더 미묘한 방법은 이것입니다. 여러분은 일어난 일이나 다른 누군가의 행동과 말에 의미를 붙입니다. 한 동료가 들어 와서 인사를 하지 않습니다. 여러분은 그녀가 화가 났거나, 속이 상했거나, 불쾌하다고 생각합니다.

나는 이 왜곡이 꼭 나쁜 것이라고 말하려는 것이 아닙니다. 그것은 가끔 꽤 정확한 결론을 내기도 합니다. 중요한 것은 이러한 과정이 진행 중이고 여러분이 어떤 것을 바라보는 방법과 그것들의 실제가 매우 다를 수도 있다는 것을 깨닫는 것입니다. 그리고 가장 중요한 것은 여러분이 무슨 일이 있다고 생각하든 간에 그것은 단지 지도라는 것을 기억하기 바랍니다. 그리고 그것은 주위에 있는 사람들의 지도와 꼭 맞는 것은 아닙니다.

다음번에 누가 맞고 틀린지 논쟁을 하게 될 때 이것을 기억하십시오. 여러분이 자신만의 지도에 머무는 한, 자신이 옳다고 설득된 상태에 머물러 있을 것입니다. 그리고 다른 사람도 자신이 옳다고 생각하는 상태에 있을 것입니다. 여러분의 지도와 다른 사람의 지도가 맞지 않을 때, 그때가 바로 문제가 발생하는 때입니다.

그것을 깨닫게 된 후 저는 더 좋은 감정들을 느끼고, 타인과의 더 좋은 상호 관계를 가지기 위해서는 더 좋은 선택들로 지도를 확장해야 한다는 것을 이해하게 되었습니다. 여러분은 같은 것을 다른 관점에서 볼 수 있

어야 합니다. 지도가 더 상세할수록 여러분은 더 많은 자유와 유연성을
가질 수 있습니다.

조는 여기서 들은 것들을 수첩에 적었다. 그는 여자 친구와의 관계, 최
근 겪은 문제와 오해, 그리고 그것들이 그가 그녀를 잃는 것에 대하여 얼
마나 두려워하고 고통스럽게 자각하게 했는지에 대하여 생각했다. 그는
그녀를 사랑했지만 종종 그녀의 말에 공격적으로 반응하고 그녀가 그를
이해하지 못하고 그로부터 멀어진다고 생각하는 자신을 발견하곤 했다.
이제 그는 자신과 마찬가지로 그녀도 명백한 그녀만의 지도와 그들의 관
계에 대해 생각하는 방식을 가지고 있다는 것을 깨달았다.
　계속해서 리처드의 이야기를 들으면서 조는 그 자신만의 지각과 관
심에만 집중하는 것보다 여자 친구와 이야기를 하고 그녀가 어떤 생각
을 하고 어떻게 느끼는지에 대하여 이야기해 보는 것이 좋겠다고 결정하
였다.
　그리고 리처드는 귀중한 안내를 하고 있었다.

좋은 충고 하나를 하지요. 때때로 현실을 점검하세요. 여러분의 지도가
최신인지 확인하세요. 사람들이 무엇이 밖에 있는지 보는 것을 멈추고
그들의 오래된 지도에만 의존할 때 그들은 둘 중에 한 방법으로 일을 망
치기 때문입니다. 그들은 한계나 제약이 없는 곳에 있다고 상상하거나
무엇인가 꼭 될 것처럼 행동하고, 그것이 잘되지 않아도 같은 방법을 계
속 반복합니다.
　저는 여러분 중 여러 사람이 지금까지의 경험을 일반화하고 그 경험을

여러분의 미래에 투사하는 것을 알고 있습니다. 사실은 여러분의 미래는 아직 써 있지 않다는 것입니다. 인생은 기회들로 가득하고 기회는 여러분 앞에, 미래에 놓여 있습니다. 그 누구도, 심지어 여러분의 지도조차도 여러분을 반대로 설득하게 하지 마십시오.

예를 들어, 여러분이 사업 파트너들과 몇몇 부정적인 경험들을 하였다고 해서 모든 사람들이 돈 때문에 여러분의 뒤통수를 칠 것이라고 생각하지 마십시오. 어쩌면 그것은 여러분이 자신의 관심을 지키는 것을 배워야 하는 것을 의미할지도 모릅니다. 혹은 여러분이 사업 파트너를 고르는 방법을 바꿔야 한다는 것을 의미할지도 모릅니다.

여러분의 미래가 단지 과거에 이미 겪었던 일의 반복이라면 삶이 어떨지 상상해 보십시오. 매우 슬프고 슬픈 세상일 것입니다. 우리는 여전히 동굴에서 살면서 날고기와 쓴 뿌리들을 먹고 살고 있겠지요.

다행히 우주에는 진화하려는 추동이 있고, 그 힘은 너무나도 강해서 혼란을 거부하고 인간을 살아 움직이게 만듭니다.

조는 깨달으면서 밝은 느낌을 느꼈다. 수첩에 그는 이렇게 적었다. '중요한 것은 누가 옳고 누가 틀린 것이 아니다. 중요한 것은 무엇이 '진실'인가도 아니다. 좋은 지도란 당신이 여러 관점에서 볼 수 있도록 하고, 자신의 상황에 대하여 가능한 자원이 풍부하다고 느낄 수 있게 도와주는 지도이다.'

리처드는 이제 가장 중요한 것을 이야기하고 있었다.

자, NLP는 단순히 그것에 대해 읽거나, 말로 배울 수 있는 것이 아닙니다. NLP는 연습을 통하여 배웁니다! 오늘 프로그램이 기법과 연습으로 가득 찬 이유는 그 때문입니다.

이것이 비록 짧은 워크숍이지만 제가 이후에 나오는 많은 것들을 여러분 마음에 채워 넣을 것이라는 것을 여러분이 아시기 바랍니다. 여러분이 모든 것을 지금 다 이해하지 못할 수도 있습니다. 하지만 기억하십시오, 여러분의 무의식 역시 듣고 있습니다.

이 모든 것은 단순한 아이디어로 시작되었습니다. "저는 성공적으로 무언가를 해낸 사람들을 찾았고, 그들이 사용했던 무의식적 과정을 찾아냈습니다.

조는 에밀리가 테레사에게 속삭이는 것을 들었다. "저분이 말씀하시는 '무의식적 과정'이 뭐예요?"

테레사는 조용히 대답하였다, "무의식적 과정이란 사고, 감정, 그리고 행동을 하기 위해 따르는 것이란다. 그 과정을 알게 되면 의도적으로 그 과정들을 발전시키거나 변화시킬 수 있단다."

에밀리는 이에 대하여 생각해 보면서 고개를 끄덕였다.

저는 사람들에게 의식적으로 이 과정에 참여하여 그들의 문제가 해결되거나 혹은 특정한 기술을 습득할 수 있도록 가르칠 것입니다.

사람들은 그들이 한다고 말하는 것 또는 그들이 한다고 믿는 것은 종종 그들이 실제로 하는 것과는 꽤 멀리 떨어져 있습니다.

NLP를 혁신적으로 만들어 주는 것은 우리의 마음속을 의도적으로 개조할 수 있다는 것이며, 이것이 처음입니다. 우리는 우리가 원하지 않는 허튼 것이 어디에 있는지 알아내고 그것을 우리가 정말로 원하는 것으로 바꿀 수 있는 도구를 가지고 있습니다.

조는 설득되지 않았다. 비록 그의 인생이 리처드와의 첫 세미나 경험

이후에 꽤 급진적으로 변하기는 했지만 마음속을 개조할 수 있다는 아이디어는 그에게 다소 억지스럽게 보였다.

하지만 리처드는 앞으로 나아갔다.

여러분은 여러분의 나쁜 습관들을 가지고 태어나지 않았습니다. 여러분은 여러분의 기술들을 가지고 태어나지 않았습니다. 여러분이 하는 대부분의 것은 여러분이 걷고 손을 흔드는 것을 저절로 배운 것과 마찬가지로 배운 것입니다.

심지어 두려움도 학습된 것입니다! 본능적인 두려움은 단지 둘뿐이라는 것을 알고 계십니까? 큰 소리에 대한 두려움과 추락에 대한 두려움입니다. 나머지는 학습된 것입니다. 두려움 중에는 방울뱀을 무서워하는 것과 같이 유용한 것도 있고 덜 유용한 것도 있습니다. 여러분은 두려움을 모두 다 버리고 싶지는 않을 것입니다. 단지 적절한 때에 적절하게 두려워하는 것을 배우기 원합니다. 파트너를 속이는 것에 대한 공포증, 그것은 가지고 있을 만한 가치가 있는 공포증입니다.

제가 처음 시작했을 때, 사람들은 저에게 이런 이야기를 계속 하였습니다. "당신은 이해하지 못해요. 변화는 더디고 고통스러워요."

하지만 저는 이해심이 많은 사람이 아닙니다. 단지 제한 신념을 거부합니다. 저는 대부분 사람들이 이런 생각조차 없이 빠르게 변화한다고 믿습니다. 제 말은 온갖 일들이 일어난다는 것입니다. 여러분은 영화를 보거나 책을 읽고, 친구나 또는 심지어 버스에서 낯선 사람과도 이야기를 합니다. 그리고 여러분의 삶은 그런 것들에 의해서 즉시 변화하기도 합니다. 여러분은 같은 문장을 13년 동안 읽을 필요가 없습니다. 단지 그것을 한 번 읽고도 "와! 그거 정말 그러네!"라고 합니다.

저 사람과 논리적으로 논쟁할 수 없겠는걸. 조는 혼자서 생각하였다.

그리고 사람들이 저에게 거듭 이야기하는 또 하나가 있습니다. 그들은 저에게 "당신은 당신이 진정 누구인지를 알아야 하고 자신을 받아들여야 한다!"라고 말합니다. 저는 여러분에게 그렇지 않다고 말하기 위해 여기에 왔습니다. 여러분이 지금까지 소극적인 사람인 것처럼 행동했다고 해서 여러분이 남은 인생 내내 소극적인 사람처럼 살아야 하는 운명은 아닙니다. 여러분이 게으르게 또는 무모하게 행동했었다는 사실이 여러분을 그런 사람으로 만들지는 않습니다. 그것은 단지 행동적인 패턴일 뿐 여러분이 아닙니다. 여러분은 여러분이 선택하는 누구도 될 수 있습니다.

변화는 사는 동안 지속적으로 늘 일어납니다. 여러분은 자신의 삶의 방향과 어떤 사람이 될지를 선택할지, 아니면 그냥 삶이 흘러가는 대로 앉아서 기다릴지가 중요한 점입니다.

NLP와 함께 여러분은 생각하고 느끼고 행동하는 방식을 변화시킬 수 있습니다. 여러분은 머릿속과 진짜 세상 둘 다에 여러분이 행함으로써 마음에 강렬한 변화를 만들 수 있도록 자신을 재프로그램 할 수 있습니다. 따라서 여러분이 알듯이 자신의 삶을 통제할 기회를 여러분은 가지고 있습니다. 하지만 그것은 오직 여러분이 정말로 행할 때만 성공할 수 있습니다. 만약 여러분이 정말로 변화하기 원한다면, 나아가서 변화를 만드십시오.

저는 어떻게 과거만큼 기분 좋을 수 있을 뿐만 아니라 그보다 훨씬 더 좋을 수 있을지에 대하여 여러분과 공유하고 싶습니다. 이것은 여러분의 뇌를 화려하게 장식하는 것입니다!

조는 웃었다. 그는 자신의 생각을 오래되고 부서진 차를 반짝이는 슈퍼자동차로 변신시켜 주는 TV쇼처럼 바꿀 수 있다는 아이디어가 좋았다! 그는 여동생이 처음 그에게 세미나 참석을 제안했을 때 그가 얼마나 회의적이었는지를 기억했다. 그 순간까지 그는 꽉 막힌 기분이었고 선택

의 여지가 없어 보였으며 자신이 원하는 모습을 선택할 수 있다는 생각
은 단지 꿈처럼 들렸다. 이제 그는 다르게 느끼고 있었다. 그는 리처드가
이야기를 이어감에 따라 주의 깊게 들었다.

어느 날 제가 살고 있던 집주인 남자가 저에게 전화를 걸어 버지니아 사
티어가 그 지역에 머물 예정이니 그녀를 보살펴 주고 그녀가 편히 있을
수 있도록 신경을 써 주라고 말했습니다. 버지니아는 제가 수학과 과학
에서 빠져 나와 결국 NLP의 공동 창시자가 되게 한 이유였습니다. 그
녀는 실제로 일관된 결과를 만들어 내는 매우 재능 있는 심리상담사였
지요.

어느 날 제가 밖에서 오일 필터를 갈며 자동차를 고치고 있었는데 갑
자기 한 여인이 제 차고로 걸어왔습니다. 그녀는 미인이었어요. 매우 키
가 크고 형광 초록색 원피스를 입고 있었으며, 밝은 빨간 하이힐과 큰 뿔
테 안경을 쓰고 있었지요. 그녀는 밝게 웃으면서 저를 바라보았고 저는
일어서서 "도와드릴까요?"라고 말하며 다가갔습니다.

그리고 그녀는 "그래 주셨으면 좋겠네요. 나는 화로를 한 번도 써 본
적이 없고 집에 불을 내고 싶지도 않아요"라고 말하였습니다.

그녀와 함께 숙소로 걸어가면서 저는 "당신이 버지니아군요. 모두가
당신은 훌륭한 심리상담사라고 말해요. 정확히 어떤 일을 하시는 건가
요?"라고 말했습니다.

"글쎄요. 저는 다른 사람들이 하는 일을 하지 않아요. 저는 내담자들
을 행복하게 만들려고 노력하지요."라고 그녀가 대답했어요.

그것이 저에게는 진정 이해가 되지 않았기에 저는 물었죠, "그것이 효
과가 있나요?"

그리고 그녀가 말했어요, "저는 매우 운이 좋았어요. 왜냐하면 저는
다른 누구도 도울 수 없었던 많은 사람들을 도울 수 있었어요."

"누구요?" 저는 물었습니다.

"음, 저는 병원에 입원해 있는 많은 조현병 환자들과 일을 했어요. 그리고 환자의 가족이 모두 상담에 오면 그들 중 몇몇은 더 이상 그렇게 미쳐 보이지 않는다는 것을 알아냈어요."

저는 체계를 공부한 사람이었기에 그 말이 매우 흥미로웠습니다.

그래서 버지니아는 저에게 함께 갈 것을 권유하였어요. 그녀는 정신병원에서 직원들을 훈련하는 일을 하였고 제가 그녀의 작업을 지켜보았을 때 그녀가 하는 모든 것들은 저에게 매우 설득력이 있었습니다. 그녀가 묻는 질문들은 매우 효과적이었고 체계적이었죠. 하지만 직원들에게서 들을 수 있는 말은 "와! 그녀는 경이로운 상담사야! 그녀는 정말 직관적이지 않니?"였습니다. 사람의 언어로 번역하면 "이 기술들을 배우는 것은 내 책임이 아니다. 왜냐하면 그 기술들은 그녀가 하는 일이 아니라 그녀 자신을 기반으로 하기 때문이다"입니다.

버지니아는 지도가 영토가 아니라는 것을 이해하였으며 그 개념을 제가 보기에는 새로운 발견과 같은 수준으로 가지고 갔습니다. 물론, 그녀는 많은 것들을 하였지요. 여러분은 그 중에 몇몇을 오늘 이후에 배우게 될 것입니다. 하지만 기본적으로 그녀가 했던 일은 사람들이 은유적인 느낌으로 하는 이야기를 해석하는 것 대신에 그 말을 말 그대로 받아들이는 것이었지요. 누군가가 그녀에게 무언가가 좋아 '보이지' 않는다고 말하면 그녀는 그들의 머릿속에 있는 그림에 대하여 그들이 이야기하고 있다고 가정하였습니다. 그리고 만약 그들이 무언가가 좋게 '들리지' 않는다고 말하면 그녀는 그들이 내면 소리를 말하고 있다는 것을 알고 있었습니다. 가장 중요한 것은 그녀는 사람들이 '자신의 언어를 말하고', '자신의 방식으로 보고', '자신의 내면 세계를 이해할 수 있는' 누군가를 필요로 한다는 것을 이해했습니다.

조는 혼란스러웠다. 리처드의 말이 무슨 의미일까?

이 모든 것들이 조금 더 분명해질 수 있도록 도움이 되는 예를 하나 들어 볼게요. 어느 날 버지니아는 너무 많이 싸워서 결혼 생활이 거의 파경에 이른 한 커플과 상담을 하고 있었어요.

"그는 집에서 아무것도 안 해요." 부인이 이야기를 시작했어요. "마치 그는 우리 집에 살고 있지 않는 것처럼 보여요. 저는 하루 종일 종종거리면서 집을 깨끗하게 보이기 위해 노력하는데 그는 그냥 어지르기만 해요."

그리고 버지니아가 말했어요, "당신이 무슨 말 하는지 **알아요**(see), 루시."

남자들이란, 루시는 계속해서 자신의 그림들을 묘사했고 버지니아는 이것을 알아차렸어요.

그러고 나서 버지니아는 남편을 바라보며 말했어요, "밥, 당신은 어때요?"

밥이 말했어요, "그녀는 항상 소리만 질러요. 그녀와 대화를 나누는 것은 불가능해요. 어느 한순간 모든 것이 **고요**하다가 그다음 순간에 그녀는 제가 알지도 못하는 일에 대하여 **울부짖어요**."

남편은 많은 청각적 또는 소리와 관련된 단어들을 사용하는 경향이 있었어요. 여러분도 그것이 **들리나요**(hear)?

좋아요. 그래서 버지니아가 말했어요, "알겠어요, 밥. 자 이제, 루시, 당신은 이런 것들에 대하여 처음부터 화를 내지 않고 그에게 말해 본 적이 있나요?"

"그것은 불가능해요," 루시가 말했어요. "**보세요**. 저는 그가 나갈 때 **볼 수 있도록** 쓰레기를 문 옆에 두어요. 그러면 가지고 나갈까요? 아니요. 그러면 저는 그가 집에 돌아와서 쓰레기를 버려 줄까 해서 기다려요.

아침에도 그 쓰레기는 여전히 거기에 있어요. 그러면 저는 그것을 직접 버리고 그가 **나타났을** 때는 이미 나는 화가 나 있어요."

"좋아요." 버지니아가 말했어요, "내가 그에게 조금 더 분명한 **그림을** 보여 줄 수 있는지 볼게요. 밥, 당신 아내의 말을 **들었어요**. 당신의 이야기는 무엇인가요?"

"이것은 마치 '내가 당신한테 말했잖아'이잖아요. 그녀는 마치 나와 **맞추지** 않으려는 것 같아요. 그녀가 나에게 **말을** 하지 않는데 무슨 일이 벌어지고 있는지 제가 어떻게 알겠어요?" 제가 정기적인 소리침과 고함을 즐기는 것도 아니잖아요."

짧은 교섭 후에 항상 대화하는 사람의 단어와 자신의 단어를 맞추면서 버지니아는 밥이 무엇을 보는지 그에게 말해 주는 것에 대하여 루시가 보게 하면서 루시는 또 다른 중요한 문제에 대하여 이야기를 하였어요.

"그는 항상 나를 사랑한다고 **말해요**." 루시는 계속해서, "하지만 그는 한 번도 그것을 나에게 **보여** 주지 않아요."

"당신은 그가 어떻게 보여 주기를 원하나요?" 버지니아가 물었어요.

"저는 제가 예쁜 옷을 입거나 머리를 했을 때, 그것을 알아차려 주기를 원해요. 저는 그가 꽃을 사가지고 집에 왔으면 정말로 좋겠어요."

"알겠어요." 버지니아가 말했어요. "제가 당신에게 무엇인가를 보여 줄게요. 하지만 당신 역시 이 단어들을 **그려** 보아야 해요."

이것이 루시의 말하고 듣는 방식인 시각적인 경험과 맞추는 버지니아의 방법이었습니다. 이것이 그녀를 천재로 만든 것이지요.

그러고 나서 그녀는 밥을 보면서 루시의 경험을 그가 이해할 수 있게 바꾸어서 말해 주었어요. "내 말을 들어 봐요. 당신은 아내가 예쁜 옷을 입었는데 그녀를 **바라봐** 주지 않으면, 그것은 마치 당신이 가장 달콤한 **목소리**로 그녀에게 사랑한다고 말하는데 그녀가 당신을 향해서 **귀머거리**가 되는 것과 같다는 것을 알고 있나요?"

"음." 밥이 쏘아붙였어요. "그것이 정확히 그녀가 하는 행동이에요."

"그것은 그녀가 당신이 그녀를 보고 있고, 당신이 그녀를 주시하고 있고, 당신이 그녀의 모습에 집중하고 있다는 것을 말해 주길 바라기 때문이에요. 내 말이 들리나요?"

"크고, 분명히" 그리고 나서 그는 그의 아내에게 말하였다. "내가 당신을 얼마나 사랑하는지 말하고 싶을 때는 내가 당신을 바라보고 당신이 얼마나 아름다운지를 볼 때야. 나는 단지 그것을 큰 소리로 말해야 하는 필요를 깨닫지 못했어. 미안해."

미소가 조의 얼굴에 퍼졌다. 그는 여러 가지 것들에 대하여 **토론하는 것**을 선호하는 반면, 여자 친구는 그들의 관계를 어떻게 보는지에 대하여 너무나도 많은 이야기를 하였다. "와, 이것은 우리의 관계를 강화시키는 데에 정말로 도움이 될 수 있을 것 같아." 그는 자신에게 말했고 그의 내적 목소리는 갑자기 더 자신감에 찼다.

리처드 역시 이것이 도움이 된다는 것을 알았다.

그래서 첫 번째 책에서 우리는 모두가 배울 수 있는 패턴을 디자인하기 시작했어요. 버지니아가 한 것을 듣고 그녀가 한 것과 같은 질문을 할 수 있도록 배울 수 있어요. 사실 여러분도 이에 대하여 오늘 오후에 더 많은 것을 배우게 될 거예요. 맞죠, 앨런?

모두가 뒤를 돌아보았다. 방 뒤에는 앨런이 알겠다는 표정으로 미소를 띠고 있었다.

이제, 산타크루즈 산으로 돌아갑시다. 저의 이웃 중, 그레고리 베이트슨이라는 영국 사람이 있었어요.

매우 똑똑하고 지적이며 유명한 그레고리는 나의 첫 번째 책을 읽었어요. 사실 그는 그것이 너무 흥미롭다고 생각해서 결국 책의 개관을 쓰게 되었지요. 어느 날 그는 저에게 말했어요. "리처드, 당신이 해야 할 일이 있어요."

"그것이 무엇인가요, 그레고리?"

"당신은 애리조나에 가서 밀턴 H. 에릭슨[1]을 만나야 해요."

"밀턴 에릭슨이 누구예요?"

"그는 의사이자 매우 유명한 치료사예요! 나는 그가 하는 작업을 보라고 사람들을 그곳에 보냈는데 누구도 그곳에 다녀온 것을 기억조차 못해요."

"좋아요! 내가 좋아할 수 있겠군요!"

그래서 우리는 모든 면에서 살아 있는 가장 위대한 치료사 중 한 명이라고 여겨지는 그를 만나기 위해 애리조나로 갔어요. 우리는 밀턴이 내담자와 작업하는 것을 보았고 돌아온 후에 우리는 그가 언어를 어떻게 사용하는지를 설명하는 책을 썼어요.

밀턴은 세 가지 이유로 저의 눈에 띄었어요. 그는 무의식이 항상 듣고 있으며 일상적인 것처럼 보이는 대화 속에서도 다른 이해 수준으로 의사소통이 가능하다는 것을 이론화한 사람이에요.

밀턴은 감정이 전염성이 있다는 것을 깨달았어요. 그것은 만약 당신이 누군가가 기분 좋아지기를 원한다면 당신 자신이 기분 좋은 상태가 되는 것으로 시작해야 한다는 뜻이에요.

마지막으로, 밀턴에 대해서 정말로 감탄스러운 것은 누군가가 얼마나 미쳤든지에 상관없이 그는 결코 '미침'을 당신이 평생 갇혀 살아야 하는

---

1 밀턴 에릭슨은 20세기 최고의 최면치료 전문가로 그만의 독특한 최면법을 사용하였으며, 에릭슨 최면법의 원리는 1970년대 중반에 미국에서 개발된 NLP의 기초가 되었다(역자 주).

것으로 보지 않았고, 어리석은 결정을 하는 데 약물을 정답이라고도 보지 않았지요.

밀턴과 버지니아는 사람에 대하여 절대로 포기하지 않았어요. 버지니아는 누군가와 작업을 하기 시작하면 그들이 변화할 때까지 멈추지 않았어요. 예외는 없었지요. 한 시간이 걸리든 25시간이 걸리든 그것은 그녀에게 중요하지 않았어요. 일단 그녀의 생각에 누군가가 변화할 수 있다는 생각이 들면 그녀는 절대로 멈추지 않았어요. 밀턴도 마찬가지였어요. 그리고 나는 그것을 그들에게서 배웠어요. 그러한 끈질긴 의지는 우리가 하는 일을 효과적으로 만들기 위해서는 꼭 필요해요.

NLP는 제가 개인적 자유라고 부르기 원하는 것의 제창입니다. 그것은 여러분의 뇌, 행동, 그리고 인생을 어떻게 다룰지 결정하는 능력을 의미해요. 하지만 우리가 이것에 빠져들기 전에 10분간 휴식을 합시다.

조는 그 시간에 커피를 가지고 자리로 돌아와서 에드거와 대화를 다시 시작했다.

"자, 당신은 앨런에 대하여 이야기해 주고 있었어요."

"아, 네. 나는 그가 특별한 트레이너라고 생각해 왔어요. 그는 마치 NLP의 오비완 케노비[2]와 같아요. 그 힘은 그와 함께라면 매우 강하죠. LOL.[3]"

그는 실제로 "LOL" 글자를 큰 소리로 말하였다! 조는 믿을 수가 없었다. 민망하지 않기 위해 그가 할 수 있는 것은 그것뿐이었다.

---

2 오비완 케노비는 영화 스타워즈의 캐릭터로서 은하계 최고의 제다이라는 수식어가 붙을 만큼 제다이로서 충실한 삶을 살았고 많은 공도 세웠다. 특히 주인공인 아나킨의 스승이었고 그의 아들 루크에게도 큰 영향을 미친 인물이다(역자 주).

3 LOL은 laughing out loud의 약자이다(역자 주).

이를 의식하지 못한 채, 에드거는 이야기를 계속했다. "시작하자마자 난 그가 무슨 말을 하고 있는지 잘 알고 있다는 느낌을 받았어요. 그리고 가장 중요한 것은, 그는 어떻게 다른 사람에게 그것을 이해시킬지를 알고 있다는 거예요. 그것은 마치 그가 항상 청중들이 어디에 있는지를 알고, 어떻게 그들의 주의를 사로잡는지를 아는 것 같아요. 적정한 때에 추가적인 예시를 들어주고, 여기저기에서 농담을 하고, 매끄러운 과정을 만들기 위해 다른 아이디어들과 기술들이 어떻게 함께 작동하는지를 보여 줘요." 에드거는 스타워즈에 나오는 요다[4]처럼 끼익하는 목소리로 '알고 있는 능력의 좋은 면을 어떻게 사용하는지'에 대해 이야기를 계속하였다.

조는 웃지 않을 수 없었다. 에드거는 그만의, 매우 독특한 방법으로 재미있었다.

"저는 한 번도 그가 무대 위에 서는 것을 볼 기회가 없었어요." 그는 대답하였다. "하지만 저는 당신이 이야기하는 것을 이해할 수 있어요. 이전 강연에서 그와 같은 보조원를 만났던 것은 정말로 유익했어요. 그는 제가 의구심을 가질 때마다 그것에 대하여 잘 알 수 있도록 도와주었어요."

조는 그때 에밀리가 한 구석에서 꽤 처져 있는 것을 보았다. 에밀리의 어머니는 잠시 자리를 비웠고 그녀는 자리에서 움직이지 않고 그저 앉아

---

4 요다는 영화 스타워즈의 캐릭터로서 모든 제다이들의 스승으로 900년 넘게 살며 수많은 제다이를 육성하고 공화국을 수호했다. 그는 가장 작지만 가장 강하고 가장 인자하고 가장 현명한 캐릭터이다(역자 주).

서 오른손으로 그녀의 눈을 감싸고 있었다. 조가 양해를 구하고 그녀가 괜찮은지 가 보려는 찰라 테레사가 자리로 돌아왔다. 곧바로 에밀리는 미소를 지었다.

조가 상관할 일이 아니었지만, 에밀리에게 어떤 일이 일어나고 있는지를 알고 싶었다. 그는 그녀를 지켜봐야겠다고 생각했다.

제 3 장

기분 좋게 느끼는 방법

휴식 후 리처드는 무대로 신속히 돌아왔다.

내가 버지니아와 밀턴을 공부하면서 배운 가장 중요한 부분은 그들은 내담자가 문제를 생각할 때, 내담자를 항상 다른 감정 상태로 집중하게 했다는 것입니다.

만약 내담자가 기분 좋은 상태에서 문제에 대하여 생각할 수 있게 한다면 강력한 변화를 만드는 데 도움을 줄 것입니다.

NLP는 사람들의 마음에 더 많은 통제를 주기 위해 만들어졌습니다. 그것이 우리가 여기서 하고 있는 것의 핵심입니다. 여러분은 여러분이 원하는 때 언제라도 여러분이 원하는 상태를 만들 수 있다는 것을 알아야 합니다. 여러분은 동일한 개인사를 다른 방법으로 보는 방법을 배울 수 있습니다. 왜냐하면 진실은 개인의 역사가 아니라 그에 대한 지금 여러분의 반응이기 때문입니다.

이것은 조에게 특히 중요한 개념이었다. 지금의 나를 만드는 것은 나의 과거가 아니라 내가 그것에 어떻게 반응하는가이다. 그는 리처드가 이야기를 계속하는 동안 이것을 생각하였다.

제가 지난 40년 동안 해 왔던 모든 것들은 개인적인 자유 즉, 선택의 자유와 관련이 있습니다. 저는 여러분이 더 이상 화나거나 겁나지 않도록 만들려는 것이 아닙니다. 저는 여러분이 언제 화 또는 겁이 날지 그리고 무엇에 대하여 화 또는 겁을 낼지를 선택할 수 있기를 원합니다. 이런 방식으로 여러분은 이 모든 것을 유용하게 만드는 것을 시작할 수 있습니다. 두려움은 여러분을 안전하고 문제를 피할 수 있게 해 주지만, 엘리베이터에 대한 두려움도 그럴까요? 정말로?

지난 과거를 숙고하며 인생을 낭비하듯이 여러분은 두려워할 만한 것을 두려워해야 합니다!

조는 최근에 압박감을 느끼며, 여자 친구 또한 비슷한 상황이고 둘의 관계가 좋지 못하다는 것을 알고 있었다. 나는 내 기분을 좀 더 통제할 필요가 있어, 라고 그는 생각하였다.

오늘 여러분이 첫 번째로 해야 하는 것은 사고 실험입니다.

생각을 할 때 우리는 세 가지 기본적인 방법을 통해서 하게 됩니다. 우리는 심상과 영화들을 만들고, 우리 자신과 이야기하고, 감정을 가지게 됩니다.

오랜 시간 동안 사람들은 자기 자신이 자신의 인생에 대하여 어떻게 생각하는지 묻는 대신에, 자신의 인생에 무슨 일이 일어났는지를 물어왔습니다. 제가 발견한 것은 여러분이 생각하는 **방법**이 여러분이 어떻게 느끼는지를 결정한다는 것입니다. 그것이 의미하는 것은 여러분이 사람들에게 그들이 마음에서 그들의 생각에 만들어 놓은 영화를 통제하는 방법과 그들 자신과 이야기하는 것을 가르칠 때, 여러분은 그들을 변화하도록 도울 수 있다는 것입니다.

여기 계신 모든 분들이 가끔 영화를 보러 가실 거라고 생각합니다. 여러분은 큰 스크린으로 영화를 즐기고 나서, 후에 작은 TV에서 같은 영화를 보면 그 영화가 여러분이 기억하는 것의 반만큼도 재미가 없는 그 느낌에 대하여 아실 거라고 생각합니다.

조는 리처드가 무슨 말을 하는지 정확히 알고 있었다. 사실 그는 최근에 TV에서 영화를 보았는데, 그것은 영화관에서 봤을 때보다 더 나쁘게 보였을 뿐만 아니라 줄거리조차 영화관에서 보았을 때보다 더 말이 안 된다고 생각하였다!

그렇게 느끼는 이유는 영상의 크기가 감정을 더, 혹은 덜 느낄지를 결정하는 데 영향력이 있기 때문이다. 가령 내용이 같다고 하여도 여러분이 그 영상의 크기, 밝기, 거리, 그리고 색감과 같은 질을 바꾼다면 여러분의 전체적인 경험은 변화될 것입니다.

자, 이제 여러분에게 최근 발생하여 지금도 여러분을 괴롭히는, 그래서 여러분의 머리에서 떨쳐버리고 싶은 무언가를 생각해 보세요.

조의 마음에 한 사건이 떠올랐다. 며칠 전 그의 여자 친구에게 수작을 걸던 어떤 술 취한 남자와의 말다툼이었다.

아마도 여러분은 마치 여러분이 그곳에 실제로 있는 것처럼 선명하게 실제 사이즈의 장면을 떠올리고 있을 겁니다. 맞지요?

조가 생각해 보았을 때 그것은 사실이었다. 그는 그 사건을 마치 그의 앞에서 상영되고 있는 영화처럼 기억하고 있었다.

그 영상을 가지고 그것을 작게 만들기 시작해 보세요. 그리고 그것을 멀리 떨어뜨려 놓고 색깔을 빼 보세요. 만약 여러분이 그 장면으로부터 목소리나 소리를 듣는다면 밝기와 함께 그 소리도 희미하게 만드세요. 영상이 너무 작아서 그것을 보려면 눈을 가늘게 뜨고 봐야할 만큼 작게 만드세요. 그리고 그것을 심지어 더 작게 만드세요. 그 영상의 크기가 빵부스러기만 하게 되면 그냥 쓸어 버리세요.

조는 안내를 세심하게 따랐다. 그가 영상을 작게 만듦에 따라 그는 그 남자의 목소리도 더 조용하게 만들었고 그 영상이 점점 더 멀어지는 것을 상상했다. 그가 그렇게 함에 따라 그 경험에 대한 기분이 훨씬 나아졌다.

기분이 나아졌지요, 그렇죠?

모두가 고개를 끄덕였다.

좋아요. 그럼 이제 그 영상을 지금 있는 그곳에 그냥 두세요!
보세요, 이것이 사람들이 보통 나에게 물어보는 시점이에요. "만약에 그것이 돌아오면 어떻게 해요?" 만약 그것이 돌아오면 여러분의 시간에서 10초만 더 할애하세요. 그 이상의 시간은 걸리지 않을 거예요. 그리고 그 작업을 다시 하세요. 여러분이 그것을 몇 번 하면 여러분의 두뇌는 그 것에 익숙해지고 알아서 그 작업을 하기 시작할 거예요.

그리고 이야기가 나온 김에 긍정적인 변화를 만드는 또 다른 방법을 보여 드릴게요. 이번에는 무언가 재미있는 것을 생각해 보세요. 나는 여 러분 중 몇몇은 끔찍한 것을 생각하는 것에 더 익숙하다는 것을 알아요. 하지만 절대로 너무 늦지 않았어요. 사실 정말로 놀라워요. 여러분이 청 중에게 무언가 끔찍한 것을 상상해 보라고 요청하면 그들은 모두 즉시 그렇게 합니다. 그다음에 그들에게 재미있는 무언가를 생각하라고 하면, 글쎄요, 이렇게 표현할게요. 여러분 중 몇몇은 이 재미있는 것을 너무 심 각하게 받아들여요!

그래서 저는 여러분이 무언가 재미있는 것을 생각하길 원해요. 그 다 음에 함께 여러분의 개인 통제실을 탐험할 거예요. 그곳이 마술이 발생 하는 곳이고 여러분이 원하는 방식으로 사건들을 도형화할 수 있는 곳이 지요.

여러분이 보고 싶은 것은 무엇이든지 볼 수 있도록 여러분 바로 앞에 스크린을 상상해 보세요.

이제, 여러분이 좋은 시간을 보냈던 정말 유쾌했던 경험으로 거슬러 올라가 보세요. 정말로 좋은 시간을 보냈던 때여야 해요. 만약 그 사건이 지금도 여러분을 킥킥거리면서 웃게 만들지 않는다면, 그것은 여러분이 찾고 있는 것이 아니에요.

여러분이 그때 본 것을 보고, 들었던 것을 듣고, 느꼈던 것을 느껴 보 세요. 여러분이 **정말로** 거기로 돌아가서 그 일이 지금 발생하고 있는 것 처럼 상상해 보세요.

조는 최근에 여자 친구와 함께 갔던 보트 여행을 기억해 냈다. 자신이 그녀를 향해 지어낸 우스꽝스러운 얼굴에 대해 둘이서 얼마나 배꼽을 잡고 웃었는지를 기억했다. 그것은 너무나도 환상적인 오후였기에 그때를 생각하는 것만으로도 활짝 웃기 시작했다. 그동안 앞줄에 앉아 있었던 한 여자가 꽤 독특한 웃음을 터트렸다. 리처드가 그녀를 내려다보았다.

맞아요, 당신은 분명히 나의 의미를 이해했군요! 그리고 나머지 분들도 그만큼 좋은 기억을 찾으면 잠시 동안 그 생각을 붙들고 계세요.

이제, '재미있는'이라고 쓰여 있는 레버를 상상하고 그것을 천천히 올리세요. 그것이 더 진짜처럼 느껴지기 위해, 실제로 제스처를 취해 보세요. 좋아요.

저는 여러분 중 몇몇이 이것이 말도 안 되는 행동이라고 생각한다는 것을 알아요. 여기 당신들을 위한 조언이 있어요. 활동을 해 보세요. 레버를 상상하고 그것을 잡고 그리고 당신이 이것이 바보스러운 행동이라고 느끼는 시점에 다다르면 이것을 생각하세요. 당신이 하는 행동 중에 당신의 삶을 불쾌하게 만드는 행동이 훨씬 더 바보 같아요.

조가 보트 여행을 선명하게 기억하면서 큰 미소가 그의 얼굴에 나타났다. 좋은 느낌이 그의 몸 전체에 퍼짐에 따라 레버를 잡는 것을 상상했고 그것을 위로 올리기 시작하는 것을 상상했다.

이제, 그 아주 신나는 기억의 이미지를 점점 더 가까워지고 더 커지고 더 밝아지게 만들면서 천천히 여러분의 심리 변화에 맞는 비율과 속도로 레버를 올리세요. 그 신나는 기억이 점점 더 가깝고 더 크고 더 밝아지게 하세요. 그 기억의 이미지에 색감을 더하고 빛나게 만들고 세부적인 것들을 바라보세요.

여러분이 이 작업을 하면서 여러분의 머릿속에서 '이제 재미있는 것을 시작해 보자'라고 말하는 목소리를 들어 보세요.

조는 그 영상이 더 커지고 더 선명해짐에 따라 그가 출발하려는 것을 느낄 수 있었고 그는 레버를 올렸다.

이것은 '앵커링(닻 내리기)'이라고 부르는 NLP 기법입니다. 여러분은 감각을 가지고 그것을 자극과 연결시킵니다. 이 경우에는 여러분의 마음의 통제판에 있는 레버이지요. 두 가지가 함께 나타났기 때문에 여러분의 뇌는 그것들이 함께 있어야 한다고 생각합니다. 이 훌륭한 기법은 여러분이 어떤 느낌이든지 골라서 그것을 레버나 접촉점, 또는 단어나 움직임과 같은 내적 이미지와 연결할 수 있게 해 줍니다. 이렇게 하여 여러분은 여러분이 필요할 때, 그 느낌을 다시 유발하기 위해 그 자극을 사용할 수 있습니다.

리처드가 이야기를 이어가기 전 모두가 자신의 내면 영상을 즐길 시간을 주었을 때, 조는 정말로 기분이 좋았다.

자, 이제 이곳으로 다시 돌아오세요. 저는 여러분에게 무엇인가를 보여주고 싶습니다. 여러분은 레버를 가지고 있기 때문에 미래에는 이런 감정을 만들어 내기 위해 시간을 낭비할 필요가 없습니다. 그럼 이제 여러분 대부분이 이곳으로 돌아오셨으니, 이것을 시도해 보세요. 여러분의 생각에서 여러분의 눈을 감고 단지 그 레버를 다시 잡고 생각 속에서 '이제 재미있는 것을 시작해 보자'라고 말하면서 레버를 올리세요.

조는 그것을 시도해 보았다. 신나는 감각이 곧바로 돌아왔다. 그는 이것을 실천하는 것을 고대하고 있었다!

이것이 NLP에서 앵커(닻)가 작동하는 방법이에요. 대부분의 사람들이 기분 나쁘기 위해 낭비하는 시간은 말도 안되며 여러분이 바쁘다는 이유로 이 마술을 즐기는 데에 여러분을 몰두시키지 않는다는 것 역시 미친 것이에요. 정신없이 바쁘지만 만약 여러분이 서두른다면, 그것을 즐길 수도 있을 거예요. 여러분은 여러분이 하는 모든 것을 마술처럼 만들 수 있고 특히 여러분이 다른 사람들과 있을 때 그래요. 단지 올바른 상태로 들어가는 것을 기억하세요.

저는 사람들 스스로에게 "아무 이유가 없는 상황에서 당신이 얼마나 기분이 좋을 수 있을까요?"라는 질문을 하게 합니다. 그리고 만약 당신이 그것을 미친 개념이라고 생각한다면 이것을 생각해 보세요. 사람들은 실제로 그들이 하지도 않았던 말다툼을 상상 속에서 다시 체험합니다. 이상하지 않나요? 그리고 그들은 심지어 재미로 하지도 않습니다. 그들은 그들 자신을 기분 나쁘게 만들려고 그것을 합니다. 그들은 상상적 말다툼을 하고 그들의 머릿속에서 그것을 계속해서 재경험해요.

이 이야기를 들어 보세요. 박사 학위를 비롯해 모든 것을 가지고 있는 지적인 한 여성이 나의 사무실에 찾아와서 이렇게 말했어요. "저는 16살 때부터 치료를 받았어요. 그리고 저는 여전히 엄마와 항상 다퉈요."

"어머니는 어디에 계신가요?" 내가 물었어요.

"저의 엄마는 돌아가셨어요."

자, 여러분들은 어떨지 모르지만 그녀의 이야기는 나를 소름끼치게 했어요.

"그런데도 당신은 그녀와 항상 논쟁을 한다고요?"

"제 머릿속에서요." 그녀는 마치 조금은 더 이해될 수도 있다는 듯이 구체적으로 이야기를 했어요.

저는 살면서 많은 곳들에 가 보았고, 이상한 것들을 많이 보았지만 사람들의 마음속에 대한 이야기보다 더 섬뜩한 것은 없었습니다. 누군가가 그들의 머릿속에서 죽은 사람과 말다툼을 하면서 시간을 보낸다는 이야기가 한 예가 되지요. 사실, 저는 그녀에게 물어보았습니다. "그냥 그런 행동을 하지 않는 것은 한 번도 생각해 보신 적이 없나요?"

그녀는 제가 머저리 같다는 듯이 저를 바라보았습니다. 그리고 그녀는 자신의 삶을 사는 대신 엄마와 말다툼을 하고 있었습니다.

보세요, 여러분의 마음의 안과 밖에는 정말 큰 차이가 있고, 그것은 여러분의 두뇌이며 그것으로 하여금 여러분이 원하는 것을 하도록 만들 수 있다는 것을 이해해야 합니다. 여러분은 머릿속에 있는 목소리에는 단순히 볼륨 조절기가 있다는 것을 깨달아야 합니다. 여러분은 그것들을 더 크게도, 더 작게도 만들 수 있으며 여러분이 선택하는 톤으로 여러분이 원하는 말을 하게 만들 수 있습니다.

조는 리처드가 방금 한 이야기를 받아 적으면서 여자 친구와 처음 만났을 때를 생각했다. 만약 그때 머릿속에서 칭얼거리는 목소리의 통제권을 그가 가지지 않았더라면 그의 삶은 지금 어떻게 달라졌을까? 하지만 지금 그것은 통제가 안되고 있었고 관계 전체를 위험에 빠트리고 있었다. 그는 처음으로 돌아가서 최근에 그 칭얼거림이 그의 생각과 감정을 지배하게 두는 것을 거부할 필요가 있었다.

그리고 이제 여러분에게 이 이야기를 하고 싶습니다. 한 그룹의 사람들이 어떻게 이런 아이디어를 가지게 됐는지는 모르겠지만, 요구르트 배양을 하였고 그것을 반으로 나누어서 한쪽에 전기 활동을 측정할 수 있는 무언가를 연결하였습니다.

그리고 그들은 다른 나머지 한쪽에 우유를 부었습니다. 알다시피 요구르트가 필요로 하는 것은 우유입니다.

한쪽에 우유를 부었을 때 센서가 붙어 있던 반대쪽이 반응을 시작하였습니다. 반대쪽은 다른 나머지 반이 우유를 먹고 있다는 것을 알고 있었습니다.

그래서 그들이 저에게 묻기를, "리처드, 우리가 한쪽 요구르트에 우유를 주었을 때 다른 나머지 반의 요구르트가 그것을 알고 있었던 것을 어떻게 설명할 수 있습니까?"

"그것은 쌍둥이이기 때문이에요."

"음, 그것은 충분한 설명이 되지 않아요."

"음, 그러면 다른 간단한 설명도 있어요. 요구르트는 요구르트를 알아요.[1]"

그들은 완전히 혼란스러운 채로 저를 바라보았지만 저는 모든 것이 자신들만의 방식으로 살아 있다고 믿어요. 심지어 아이디어도 살아 있어요. 바로 그 점이 이것을 매우 중요하게 만듭니다.

그다음에 연구자들은 요구르트 반 사이에 벽을 만들었습니다. 그들은 원목으로 벽을 만들었고, 다른 철재로도 벽을 만들었으며 전자파 장벽도 시도해 보았지만 여전히 그들이 한쪽의 요구르트에 우유를 부어 주면 다른 반 쪽이 거칠게 반응했어요.

그들은 말했어요. "우리는 이해할 수가 없어요. 이것을 설명할 방법이 있을 거예요."

저는 그들에게 한 가지 설명법이 있다고 말하고, 만약 그들이 나를 그곳에 혼자 두면 요구르트가 서로 의사소통할 수 없는 벽을 내가 만들어 주겠다고 이야기했습니다.

---

1   Yoghurt knows yoghurt : 유유상종을 의미하는 저자의 표현이다(역자 주).

그들은 말했습니다. "그것은 불가능해요, 리처드. 우리는 모든 것을 시도해 보았어요."

그리고 제가 말했지요. "당신은 모든 것을 시도해 보지 않았어요."

하지만 이것이 바로 여러분의 지도와 그것이 묘사해야 하는 영토에 대하여 여러분이 잘못 이해할 때 발생하는 일입니다. 실재가 그들이 생각하는 실재보다 더 복잡하고 더 다양하다는 것을 사람들이 받아들이길 거부할 때, 그들은 발전에 대한 가능성이 없습니다.

일주일 후, 사람들이 돌아왔을 때 저는 장벽을 만들어 놓았습니다. 그들은 실험을 해 보았고 요구르트는 반응하지 않았습니다. 그들은 물었습니다, "이 장벽은 무엇으로 만들었습니까?" 사실, 그것은 요구르트로 가득 찬 어항이었습니다. 요구르트 중에 한쪽이 요구르트 장벽에 진동할 때 그 진동이 흡수되었기 때문입니다. 그래서 진동이 더 이상 갈 곳이 없었지요.

이것이 여러분의 현재 상태가 여러분이 사용하는 가장 첫 번째 도구라는 것을 깨닫는 것이 그토록 중요한 이유입니다. 여러분이 우울하면서 다른 사람을 신나게 도울 수는 없는 것입니다.

밝혀졌듯이, 요구르트로 벽을 만들 때 저는 진동하는 것은 함께 진동한다는 것을 이해했습니다. 여러분이 피아노 줄 하나를 튕기면 그 하모니를 가지는 모든 줄은 진동할 것입니다. 그것들이 서로를 알고 있다는 것입니다. 즉, 여러분이 투덜거리면서 돌아다니면 여러분은 투덜거리는 사람들을 만나게 되거나 사람들이 여러분 주위에서 투덜거릴 것입니다. 여러분은 뿌린 대로 거두게 될 것입니다.

요구르트가 그렇듯 사람들은 사람들을 알아봅니다. 만약 여러분이 누군가가 어떤 감정을 느끼기를 원한다면 여러분이 먼저 그곳에 가야 합니다.

강연을 들으면서 조는 그의 감정 상태가 여자 친구에게 크게 영향을 미쳤던 것이 확실하다는 생각이 갑자기 떠올랐다. 그가 직장에서 스트레스를 받은 채 집에 돌아와서 그녀를 만날 때 그녀가 점점 더 짜증을 낸다는 것을 그는 시간이 지나면서 알 수 있었다. 음, 어쩌면 그 큰 기분 변화는 전혀 그녀 문제가 아닐지도 몰라. 어쩌면 그녀에게 영향을 준 것은 나의 상태일지도 몰라, 라고 생각했다. 그것은 상당히 깜짝 놀랄 만한 일이었다.

리처드는 상태에 따라 어떻게 달라질 수 있는지에 대하여 이야기를 계속했다.

예를 들어 저는 회사의 사장인 한 남자와 작업을 했어요. 그의 문제는 그가 여자를 만나는 것을 두려워한다는 것이었어요. 정말 이상한 것은 제가 그에게 취미로서 무엇을 하는지 물었을 때 그는 '스키점프'라고 말했어요.

"산에서 뛰어내려서 공중으로 나는 거 말씀이세요?"

"네." 그가 말했어요.

"그런데 당신은 여자들이 무섭다고요?"

"네!"

저는 그의 이야기를 받아 주었어요, "물론, 여자들은 꽤 무서워질 수 있어요. 특히 그녀들이 세일 기간에 마지막 구두를 가지고 싸울 때 그렇죠!"

모두가 웃었다.

이것이 바로 여러분이 사람들로 하여금 그들이 하는 행동이 바보스럽다고 느끼도록 만들어야 하는 지점이에요. 왜냐하면 사람들은 자신의 행동이 바보스럽다고 느끼지 않으면, 그들이 문제를 너무 심각하게 받아들이기 시작할 것이기 때문이에요. 그리고 만약 여러분이 문제를 너무 심각하게 받아들이면, 여러분은 그 문제를 더 사실처럼 만들게 되죠. 알다시피, 이것은 사실이 아니라 착각일 뿐이에요. 여러분의 발에 있는 발톱을 밟는 것, 그것은 진짜예요. 그리고 그것은 아프죠. 하지만 사람들은 그 고통까지도 통제하는 방법을 배울 수 있어요.

어쨌든 이 남자는 여자를 볼 때면 완전히 겁에 질린다고 말했어요. 그래서 저는 그를 바라보고 말했어요. "좋아요. 확실히 하도록 하죠. 당신은 발에 한 쌍의 판을 붙이고 왁스칠을 하고 엄청나게 빠른 속도로 산을 내려오고 산에서 공중으로 뛰어내리고 낙하산 없이 수백 야드를 공중에서 날아요. 그런데 이것은 무섭지 않다는 거죠?

"네, 그것은 정말 신나요."

"그리고 당신은 테이블에 혼자 앉아서 커피를 마시고 있는 여자를 봐요. 그리고 그녀에게 다가가서 인사하는 것은 당신을 두렵게 만드는 거네요."

"네, 완전히요."

"산에서 뛰어내리기 대 인사하기. 나에게는 균형이 잘 안 맞는 것 같은데요."

그는 나를 소심하게 바라보고는 말했어요, "저도 바보같이 들린다는 것 알아요."

"그 이유는 그것이 바보같기 때문이에요!" 저는 그에게 말했어요. "바꿔서 생각해 봅시다. 당신은 당신이 뛰어오르기 직전에 느끼는 신나는 느낌을 알죠?"

"네, 네!"

"좋아요. 그 감정을 당신 몸 안에서 돌려 보세요. 그 느낌을 점점 더 강하게 만드세요. 이제, 그 느낌을 돌리는 상태로 아래층으로 내려가서 사람들에게 다가가서 인사해 보세요. 당신이 한 번도 이야기해 본 적 없는 사람을 찾으세요. 만약 당신이 두려움을 느끼기 시작하면 산에서 뛰어 오르기 직전의 느낌을 기억해 내기를 바랍니다. 알다시피, 이것은 당신을 도와줄 것이지만, 반면 두려운 느낌은 도움이 안 됩니다. 그러니까 만약 당신이 두려움을 느끼면 그냥 멈추세요. 두려움에 대해서 생각하는 것을 멈추고 다시 돌아가서 신나는 느낌을 기억하세요. 그다음에 당신이 어떻게 하고 싶은지를 보고 그 감정을 함께 가지고 가세요."

그래서 그는 밖으로 나갔고 1시간 정도 나가 있었습니다. 저는 결국 그를 찾아보라고 누군가를 보냈고 그들이 돌아왔을 때 그들은 저에게 말했어요, "그는 여자와 이야기 중이여서 돌아오지 않겠다고 해요!"

조는 웃었다. 그것은 마치 그가 여자 친구를 처음 만났을 때와 같았다. 그는 그녀가 그를 알아가는 것에 관심이 없을 거라고 스스로 계속해서 그 자신에게 이야기했던 것이 기억났다. 그는 지금 이렇게 편안하게 느끼는 누군가가 예전에는 이야기하기조차 두려웠던 누군가였다는 것이 얼마나 이상한가, 라고 생각했다.

이제, 여러분이 예전에 앵커되었던 좋은 감정들이 여러분의 인생을 바꾸는 데 어떻게 사용될 수 있는지를 보여 드릴게요.
실례합니다, 여성분. 당신의 성함은요?

리처드는 조가 이전에 본 가방을 불안하게 뒤지던 여성을 가리켰다. 이것 재미있겠군, 그가 생각했다. 꽤 도전적이겠어.

리처드가 그녀를 가리켰을 때, 그 여성은 엄청 스트레스를 받은 듯 보였다. 그녀의 얼굴은 빨개졌다. "리즈"라고 그녀는 긴장된 목소리로 대답하였다.

리즈, 당신은 무엇을 하십니까? 제 말은 당신이 걱정을 하지 않을 때, 무엇을 하시냐는 겁니다.

리즈는 그가 그 사실을 알고 있다는 것에 충격을 받은 듯 보였다. 리처드는 그저 미소를 지었다.

너무 놀라지 말아요, 리즈. 그것은 당신의 얼굴에 그대로 다 쓰여 있어요. 당신은 얼굴을 그렇게 찌푸리는 것이 좋은 감정을 이끌어 내는 데에 그리 도움이 되지 못한다는 것을 알고 있나요?

리즈는 머리를 흔들었다.

자, 당신이 웃을 때 당신의 두뇌는 행복한 화학 물질을 당신의 몸에 방출하고 찌푸릴 때는 스트레스와 걱정을 만들어 내는 다른 화학 물질을 방출합니다. 좋은 생각은 당신의 얼굴을 편안하게 하고 당신 자신에게 좋은 감정을 한 방 주는 것이지요.
　자, 리즈, 당신은 무엇을 하시나요?

"저는 교사예요." 그녀는 조가 간신히 들을 수 있는 목소리로 대답하였다.

교사요? 음, 이것을 잘해내는 것은 그 무엇보다도 중요해요, 리즈. 요구르트는 요구르트를 압니다. 즉, 당신이 내 이야기를 이해한다면 당신 학생들은 알맞은 종류의 요구르트, 즉 건강한 요구르트 곁에 있어야 하니까요.

하지만 리즈를 무대 위로 초대하기 전에 5분간 휴식을 합시다.

조는 리즈와의 작업이 어떻게 진행될지 보고 싶었다. 리처드가 그녀를 도와줄 수 있을지를 보는 것은 흥미로울 듯하였다. 그는 그의 노트를 보았고, 몇 분 후 리처드가 돌아왔다.

자, 리즈, 여기 올라와서 저를 도와주실 수 있겠어요? 당신이 너무 스트레스를 받는 것 같아서 당신에게 도움이 될 기술을 가르쳐 드리고 싶어요.

리즈가 무대 위로 올라가서 리처드 옆에 앉았다. 그녀는 들릴 정도로 숨을 헐떡였다.

리즈, 제가 질문 하나 할게요. 당신은 기분 나쁘게 느끼느라 얼마나 긴 시간을 소비하나요?

"긴, 긴 시간이요." 그녀가 온순하게 대답했다.

조는 이 여성의 솔직함에 큰 소리를 내어 웃을 뻔하였다. 하루에 많은 시간을 기분 나쁘게 보낸다는 것을 인정하는 것이 그에게는 웃기게 들렸다. 하지만 심란한 것은 그 자신 역시 같은 것을 하면서 꽤 오랜 시간을 보낸다는 것이었다. 조는 리처드가 하는 이야기에 주의를 집중해야 한다는 것을 알았다.

> 솔직하게 이야기해 주어서 기쁘군요, 리즈. 당신이 생각해 봐야 하는 것이 바로 이거예요. 당신이 변화한다면, 남아 있는 그 많은 시간 동안 무엇을 할 건가요? 당신이 가지게 될 그 많은 시간에 대해서 한번 생각해 보세요. 그것이 내가 걱정하는 것이에요! 여러분들 중에 몇몇은 걱정하고 조바심 내는 것에 너무 많은 시간을 보내서 기분이 좋아지는 방법을 더 이상 기억해낼 수조차 없어요. 만약 제가 여러분이 가지고 있는 문제들을 빼앗는다고 해도 여러분은 또 다른 걱정거리를 찾을 가능성이 높아요. 그래서 우리는 나의 방식으로 이 문제를 해결할 거예요.
> 하나 추천할게요. 그리고 여러분들 중 몇몇은 이것을 시도해 보고 싶을 거예요. 리즈, 눈을 감아 봐요. 그리고 당신이 가졌던 가장 좋은 감정들 중에 하나를 생각해 보세요.

리처드는 잠시 멈추고 그녀가 경험에 다가갈 수 있도록 하였다. 그녀는 집중하려 얼굴을 찡그렸고 그녀의 기억과 고군분투 중임이 명백히 보였다.

> 우리에게 이야기할 수 없을 만큼 너무 좋은 것을 생각해 봐요.

리즈의 얼굴이 붉어졌고 그녀의 찡그린 얼굴이 미소로 녹아내렸다.

> 그렇죠! 바로 그거예요. 여러분, 보세요. 올바른 생각이 순간적으로 여러분의 전체적인 생리에 영향을 줄 수 있어요. 우리의 생각이 이렇게 강력

해요. 이것이 여러분이 끌어내고 강화해야 하는 반응의 종류입니다. 여러분은 그것을 여러분의 삶을 환상적으로 만드는 데 매일 사용할 수 있습니다.

　좋아요. 이제 이 느낌, 이 실로 놀라운 느낌. 그것은 당신의 몸 어디에서 시작되었나요? 그리고 그것은 어디로 이동하나요?

리즈는 잠시 생각한 후에 대답하였다. "나의 복부요. 그 놀라운 느낌은 위로 올라가요."

　위로 올라간다, 좋아요. 그 좋은 느낌이 사라지면 그것은 어디로 가나요? 당신이 그 감정에 대해서 생각하는 것을 멈출 때, 그것은 어디로 가나요?

잠시 후에 리즈는 손을 그녀의 몸으로부터 멀리 밀어냈다. "밖이요." 그녀가 대답했다.

　좋아요, 여기 당신을 도와줄 작은 속임수가 있어요. 좋은 느낌이 들어오게 하세요. 그리고 그것이 사라지기 직전에 그것을 잡아당겨서 다시 시작점으로 가져다 두세요. 그렇게 해서 그 느낌이 원으로 움직이며 뱅글뱅글 돌 수 있게 하세요.
　맞아요.

리즈는 다시 집중하며 웃기 시작했다.

　그 경험을 계속 생각하면서 그 감정을 더 빠르게 돌리세요. 그리고 더 빨리요. 맞아요.

이제 그것이 더 빠르게 돌면서 중앙에서 돌 수 있도록 안정시키세요. 보세요, 당신은 당신의 몸이 얼마나 많은 즐거움을 가질 수 있는지 상상 조차 못할 거예요.

더 빨리 돌리세요. 그리고 당신이 그것을 계속 돌리면, 그것은 매우 독 특한 방법으로 변화할 거예요.

리즈의 얼굴에서 긴장감이 사라졌다. 그녀는 심지어 빙그레 웃었다.

좋아요, 마음껏 즐기세요. 당신의 삶을 좋은 것으로 바꾸는 이 순간을.

물론 그 감정을 더 빠르게 돌리고 그것이 더 빠르게 돌아갈수록, 더 빨 리 기분이 좋은 지점이 나타나는 것을 알겠죠? 바로 그때가 사람들이 당 신을 불러 세우고 당신에게 "무슨 일이 있는 거죠? 당신은 항상 웃고 있 군요. 당신 어디 이상한 거 아니에요?"라고 물어보는 때입니다. 난 사람 들이 그렇게 물어볼 때가 정말 좋아요. 그러면 당신은 그들을 바라보면 서 그저 웃지요.

그리고 리즈는 정확히 그렇게 하였다. 사실 조는 그녀의 기분이 청중 에게 빠르게 퍼지는 것을 알아차렸다. 그는 리처드가 맞아, 라고 생각했 다. 상태는 전염성이 있다.

리처드는 계속 설명하였다.

보시다시피 만약 그것이 좋은 느낌이라면 당신은 그것이 사라지는 것을 원하지 않습니다. 당신은 그것이 쌓아 올라가고 그곳에 머물며 더 강력 해지기를 원하지요.

더 나아가서 우리는 이 좋은 느낌에 무언가를 더 할 것입니다. 왜냐하면 저는 과거에 당신을 기분 나쁘게 만들었던 상황을 미래에도 직면하게 될 것이라는 것을 알기 때문이죠.

이제 나쁜 감정을 없애는 기법을 가르쳐 드릴게요. 할 수 있겠어요, 리즈?

리즈가 고개를 끄덕였다.

당신을 기분 나쁘게 만들었던 바로 그 일을 생각해 보세요. 그저 그 일을 스크린에서 바라보고 있고 밝기 조절기를 쥐고 있다고 상상해 보세요. 그리고 재빠르게 그 모습이 완전히 하얗게 되도록 그 조절기를 가장 밝게 돌리세요. 한순간 그 일을 보고, 다음 순간에 완전히 하얗게 지우는 거죠.

리즈가 이렇게 하면서 그녀는 의자에서 조금 휙~ 하고 움직였다.

아주 좋아요! 다시 해 보세요. 당신을 기분 나쁘게 했던 일을 상상해 보세요. 이제 정말 빠른 속도로 하얗게 지우세요. 또 하세요. 또 하세요. 이제 당신이 돌리고 있었던 정말로 좋은 느낌을 가져 오세요. 그리고 미래에 그 상황을 상상하면서, 나쁜 생각은 하얗게 지워버리고 정말 좋은 이 느낌을 돌리세요.

당신이 이것을 하면서 '다시는 결코 안 해!'라는 내면의 목소리를 들을 수 있을 거예요.

왜냐하면 때로 당신은 그만하면 됐고, 당신 자신이 더 이상 그것을 하게 내버려 두지 않을 것을 느끼기 때문입니다. 만약 당신이 이것에 낭비한 시간을 생각한다면, 그리고 그 시간에 대신 할 수 있는 재미있는 것들에 대해서 생각한다면, 당신은 더 이상 원하지 않는 것을 하면서 시간을 보내지 않을 것입니다. 그렇게 하여 당신은 새롭고 긍정적인 습관을 만들어 내는 시간을 가지게 될 것입니다.

그러니 미래에 힘든 상황에 처해 있는 당신 자신을 상상해 보세요. 하지만 이번에는 부정정인 이미지는 지우고 당신의 몸 곳곳을 돌고 있는 좋은 느낌을 느끼세요.

이제… 멈추고 그 상황을 생각해 보고, 당신이 그것에 대하여 어떻게 느끼는지를 보세요. 나쁜 기분을 상상할 수 있나요?

리즈는 시도했지만 그녀의 얼굴은 경이로움을 보였으며 그 후에는 변화가 실제로 일어났다는 편안한 자각이 보였다.

진실은 만약 여러분이 올바른 상태로 들어간다면, 여러분은 어떤 것이라도 할 수 있다는 것입니다. 하지만 만약 여러분이 자신의 내적 상태를 바꾸지 않는다면 어떻게 다른 것들이 변화하기를 기대할 수 있겠습니까? 제가 정보과학자로 처음 일을 시작했을 때, 저는 다른 사람들과는 다르게 계속 바쁘게 일했습니다. 저는 신문에 광고를 내서 공포증을 극복한 사람들을 찾았습니다. 약 100명의 사람들이 왔고 저는 각각에게 "당신은 공포증을 가지고 있었습니다. 당신은 어떻게 그것을 떨쳐버렸나요?"라고 물었습니다.

그리고 그들 모두는 저에게 근본적으로 다 같은 이야기를 해 주었습니다. 대략 이런 이야기지요. "오랜 시간 후에 나는 공포증에 넌더리가 났고 이렇게 말했죠, '그만. 나는 더 이상 참을 수 없어. 이제 정말 마지막이다.' " 그리고 그들 모두는 멈춰서 이마를 치면서 말했어요, "그 순간에 나는 나 자신을 보았고 두려워한다는 것이 얼마나 바보 같은지를 보았어요."

1. 그리고 나는 다음 내용을 적었다.
2. 이마를 치라(아마도 선택적임!).
3. 관조하라. 즉, 당신 자신을 이미지로 보라.

관조하고 있는 자신을 주목하라.

그리고 저는 그 방법을 여전히 공포증을 가지고 있는 사람들에게 시도해 보기로 결정했어요.

그 당시에 웨싱턴에서 온 한 남자가 있었어요. 그의 문제는 그가 마을을 떠나려고 할 때마다 공황발작을 일으킨다는 것이었어요.

그래서 저는 그가 마을 끝으로 운전해 가는 것을 상상하고, 마치 슈퍼맨인 듯 그의 자동차 옆을 날면서, 그가 픽업 트럭을 운전하고 가는 모습을 바라보는 것처럼 그 장면을 관찰하라고 요청했어요. 그는 날면서 그 자신이 급하게 차를 멈추고 트럭에서 내려서 발작하는 것을 보았지만, 그 모든 장면을 보고 있던 그의 일부분은 그저 계속 날아서 마을에서 벗어났지요. 자, 속임수는 저는 그가 마음속으로 차분히 날도록 만들었고 그와 동시에 그를 동네 밖으로 나가게 만들었다는 것입니다.

자, 만약 여러분이 롤러코스터 앞좌석에 앉아 있는 자기 자신을 먼 거리에서 본다면, 그것은 실제로 그곳에 앉아 있는 것과는 완전히 다른 경험입니다. 그것은 다른 관점이며 다른 느낌입니다. 그것이 다르다는 것을 알기 때문에, 사람들이 감정을 바꾸고 싶어 할 때, 내가 항상 하는 것 중 하나는 그들이 말 그대로 새로운 관점을 가질 수 있는 방법을 찾는 것입니다.

그리고 이것은 우리를 이전에 시도했던 사고 실험으로 다시 데리고 갑니다. 이 관점의 변화는 영상의 밝기, 크기와 함께 사람의 마음에서 찾을 수 있는 변수들 중에 하나입니다. NLP에서 우리는 이것을 **하위양식**(submodalities)이라고 부릅니다.

자, 이제 모두 리즈에게 큰 박수 부탁드립니다. 고마워요, 리즈.

그리고 리즈는 그녀가 몇 분 전 무대 위에서 비틀거렸던 때보다 훨씬 더 좋아진 모습으로 그녀의 자리로 돌아갔다.

리처드가 하위양식에 대하여 더 설명하자 조는 흥미를 느끼게 됐다.

이 아이디어에 대하여 한 번 더 설명할게요. 여러분의 머릿속에서 영상은 위치, 거리, 크기를 가지고 있습니다. 그것은 흑백이거나 컬러이며, 하나의 영화이거나 하나의 장면입니다. 소리는 오른쪽 또는 왼쪽에서 나옵니다. 그 소리는 들어가는 것 같거나 나오는 것 같이 들립니다. 저에게 이것은 사물에 대해 우리가 만드는 중요한 구별처럼 보입니다. 그것은 소유주 각자의 설명서임이 틀림없습니다. 불행하게도 우리는 설명서를 가지고 태어나지 않았기에 우리는 자신만의 설명서를 만들어 내야 합니다.

이 순간에 감정이 어디에서 시작하고 어디로 이동하는지 알아내고 영상을 작거나 크게 만들고 감정을 뒤로 가게 만드는 것에 그토록 집중하는 이유는 제가 가장 단순한 것을 찾았기 때문입니다. 그것은 여러분이 느끼는 방식을 변화시킴으로써 여러분이 패턴을 다시 만들 수 있다는 것입니다. 그리고 여러분이 마음에서 만들어 내는 소리와 이미지들을 바꿈으로써 여러분이 느끼는 방식을 바꿀 수 있습니다.

보세요, 리즈가 이곳에 올라와서 앉아 있었지요. 약 5분쯤이었나요?

리처드가 리즈를 바라보자 그녀는 *끄덕*이면서 밝게 웃었다. 그녀는 훨씬 더 편안해 보였다.

당신은 마음에서 무언가를 꺼내서 지워 버렸고, 좋은 감정을 돌렸어요, 그렇죠? 지금 그것을 생각해 보면 완전히 다르게 느껴지지요.

그리고 이것은 심각한 문제죠. 그렇죠, 리즈?

리처드의 목소리는 심각하고 걱정스러웠다. 그는 리즈를 진지하게 바라보았고 그녀는 웃음이 터졌다!

무엇 때문에 웃는 거죠? 당신의 문제들은요? 고통과 괴로움은 어디로 갔죠? 아, 알겠어요. 당신은 변화를 저항하고 있는 거예요! 당신은 문제가 돌아오기를 원하나요? 보세요, 저는 그 문제가 무엇인지 애당초에 알 필요가 없기 때문에 골칫거리는 물어보지도 않지요. 그래서 이후에 사람들이 골칫거리를 다시 되돌려 받기를 원해도 돌려줄 방법이 없어요.

이제 리즈는 배꼽을 잡고 웃고 있었고 리처드가 이야기를 계속하자 그녀의 얼굴은 웃느라 빨개졌다.

당신을 기분 나쁘게 했던 모든 것들에 대해 생각해 보세요. 어서요, 할 수 있어요! 당신이 스트레스 받고 걱정하고 안절부절못하던 모든 생각들….

리즈는 점점 더 크게 웃고 있었다.

이렇게 쉬울 리가 없어요. 당신은 기분 나쁜 채로 많은 시간을 보내야 해요. 벌써 기분이 좋아졌을 리가 없어요! 리즈, 당신은 정말 나쁜 내담자예요. 당신이 그동안 했던 실수는 어쩌고요? 당신의 나쁜 경험은요?

그녀는 계속 웃기만 했고 그녀가 웃자 청중들 또한 웃기 시작했다. 리처드는 청중들을 바라보면서 윙크를 했고 그의 눈은 반짝거렸다.

여러분이 기분 나쁠 때마다 끽끽거리면서 웃음이 터져 나온다면 끔찍할 것 같지 않아요? 왜냐하면 저에게, 진짜 속임수는 내면으로 들어가서 마음에 있는 이미지와 스스로에게 말하는 방식을 바꾸고, 자신의 두뇌를 정말로 기분 좋게 만드는 것이기 때문이에요. 그래서 저는 이것을 '말도 안 되는 치료'라고 부르는 거예요!

제가 이 치료를 여성에 대해 두려움을 갖고 있는 내담자와 하였을 때, 그는 그의 행동 방식을 바꿀 수 있었어요. 그의 내면의 무언가가 그것을 재미있는 것이라고 바꾸기 전까지 그는 여성에게 다가갈 수 없었어요. 여러분은 어려워 보이는 것에 대해 스스로의 느끼는 방식을 바꿔야지만 그것을 할 수 있어요. 그리고 이것은 여러분의 아동기를 뒤지는 것으로는 할 수 없어요. 만약에 여러분의 아동기가 여러분을 망쳤다면 거기로 다시 돌아가는 것은 그저 여러분을 더 망칠 뿐이에요.

아동기 이야기가 나왔으니까 말인데요. 이제 당신이 당신의 반 아이들에게 이 **좋은** 느낌을 조금 나누어 줄 때예요, 리즈, 말해 봐요, 당신은 기분이 안 좋을 때, 상황이 더 힘들어 보이고 작은 문제만으로 세상이 끝날 것처럼 느껴진다는 것을 알아차린 적이 있나요? 당신은 기분이 나쁠 때 그 기분이 아이들에게 영향을 주는 것이 가능하다고 생각하나요? 당신이 기분이 좋을 때 아이들을 더 쉽게 다룰 수 있다는 것을 알아차린 적이 있나요?

이제는 얼굴을 반짝이면서 리즈는 잠시 멈추고 나서 대답하였다. "네, 가끔 저는 아침에 침대에서 잘못된 쪽으로 일어나고 아이들이 힘들 거라는 것을 그냥 알 수 있어요."

리처드가 그녀의 말을 가로막았다.

어쩌면, 그냥 어쩌면 당신이 초능력이 있어서 그들이 어떨지 예측 가능한 것이 아닐 수도 있다고 생각해 보았나요? 그 대신에 당신이 의도적으로 그 어떠한 이유도 없이 기분 좋기로 결정한다면 어떨까요? 당신이 더 자주 좋은 기분이라면, 당신의 학생들은 어떻게 반응할 거라고 생각하세요? 생각해 보세요. 가르치는 것이 더 쉬워질 수도 있어요.

리즈는 마치 아이들에게 영향을 준 것이 그녀의 기분이며 그 반대가 아닌 것이 가능할 수도 있다는 것을 생각해 보듯이 잠시 동안 찡그린 표정으로 골똘히 생각에 빠졌다. 그 후 그녀는 마치 번뜩이는 생각이 난 듯 보였고 그때 리처드가 덧붙였다.

그것이든지 아니면 그냥 당신 침대를 벽 쪽으로 붙이세요. 그러면 '옳은'[2]쪽(오른쪽)으로만 일어날 수 있을 거예요.

그 말이 다시 리즈를 웃게 만들었다. 리처드는 청중들을 바라보았다.

바로 지금이 여러분 모두가 이것을 시도해 볼 기회입니다. 짝을 찾아서 자신을 소개하고, 그리고 시작하세요. 누가 먼저 할지 정하세요. 짝에게 삶에서 갇혔거나 막혔다고 느낄 때가 있는지, 생각할 때마다 기분을 나쁘게 만드는 상황이 있는지, 그리고 그것이 인간이 할 수 있는 가장 끔찍한 망설임을 만들어서 행동을 제한하는지 물어보세요. 망설이고 망설이다가 그다음에는 더 이상 기회가 없음을 알게 되는 것이지요. 왜냐하면 기회가 여러분을 지나갈 때, 여러분은 그것이 멀어져가는 것을 바라보고

---

2 영어에서는 right가 '옳은'과 '오른쪽'이라는 의미를 모두 포함한다(역자 주).

여러분의 남은 인생 내내 후회로 살든지, 아니면 한번 뛰어들어 보고 무언가라도 시도해 볼 수 있기 때문이죠.

조가 의자에서 일어났다. 그는 당장 일어나서 그 활동을 해 보고 싶었다. 하지만 먼저 리처드는 몇몇 개의 지시 사항을 더 이야기했다.

여러분이 고른 짝과 앉아서 그들이 정말로 기분 좋은 상태로 들어가게 하세요. 기억하세요. 요구르트는 요구르트를 알아요. 그러니…

1. 내면으로 들어가서 당신이 정말로 기분 좋게 느끼는 것을 생각하세요. 그 느낌을 증대시키기 위해 그 이미지를 크게 그리고 선명하게 만드세요.
2. 두 번째로 당신의 짝도 같은 것을 하게 하세요. 감탄스럽게 느낄 때까지 좋은 느낌을 그들의 몸 전체에 돌리도록 하세요.
3. 미래에 힘든 순간을 떠올리고 무엇이 기분 나쁘게 만드는지를 생각하게 하세요. 밝기 조절기를 가지고 그것을 지워버리게 하세요. 이 것을 두세 번 정말 빠르게 하세요.
4. 놀라운 행복의 느낌으로 가득 차도록 정말로 근사한 감각을 몸 전체에 돌릴 수 있게 하세요.

여러분이 그 모든 것을 할 때 여러분은 짝이 상황에 대해서 생각하는 방법을 바꿀 수 있고 정말로 중요한 것을 가장 필요로 할 때, 원하는 만큼 기분 좋을 수 있는 자유를 줄 수 있습니다.

자, 이제 시작하세요.

비록 개인적인 생활에서 로맨틱한 부끄러움은 어느 정도까지는 극복했지만, 조는 이때쯤에 같은 기술을 직장에서도 사용할 때라는 것을 잘 알고 있었다. 회사에서의 회의를 생각할 때마다 그는 내면에서 바보스러운 행동을 하거나, 하려고 했던 말을 잊어버리면 어떻게 하나 걱정하곤 했다. 그는 더 이상 발표하는 것이 두렵지 않았다. 오히려 사람들과 개인적으로 대화를 나누는 것이 불편한 것이었다. 만약 낯선 사람이라면 그는 상대를 지루하게 만든다고 느꼈다. 그는 이 문제에 대해서 테레사와 함께 작업을 하기로 결정하였다.

테레사는 직접 옳은 상태로 들어감으로써 시작하였고, 그다음에 조 쪽으로 돌아 앉아 그가 마음속으로 들어가서 정말로, 정말로 기분 좋았던 때를 생각하게 했다. 조는 그의 여자 친구와 놀러가서 그들이 최고로 재미있는 시간을 보냈던 주말에 대해서 생각하였다. 그는 실로 오랜만에 그렇게 많이 웃어 보았다.

조가 밝게 웃을 때 테레사는 그에게 그 영상의 크기를 두 배로 만들게 하였고 그것을 더 생생하게 상상하게 하였다. 조는 기쁨에 넘치기 시작하였다. 그리고 테레사는 그가 몸 전체에 좋은 느낌을 돌리도록 하였다.

그다음 테레사와 조는 그가 걱정하고 있는 미래의 시간을 생각하였다. 그는 몇 주 후에 있을 회의에 대하여 생각하였다. 하지만 그가 초조함을 느낄 기회를 가지기도 전에 테레사는 그에게 밝기 조절기를 상상하고 그 이미지를 하얗게 지울 수 있도록 조절기를 최대로 올리라고 요청하였다. 그는 그것을 몇 번 반복하였고 그다음에 그녀는 그가 좋은 느낌을 다시 돌리게 하였다.

마지막에 테레사는 조가 미래의 회의에 대하여 생각해 보기를 제안하였다. 그는 웃었다. 그는 훨씬 기분이 좋아졌다. 그 순간 한 생각이 떠올랐다. 이번 한 번으로 이렇게 기분이 좋다면, 정기적으로 연습하고 다른 상황도 상상해 본다면 얼마나 좋을까? 어쩌면 부끄러움은 고정된 성격 특성이 아닐 수도 있다. 그는 부끄러움은 단지 마음의 상태일지도 모른다고 생각하였다.

그 후 차례를 바꾸었다, 조가 그녀의 문제에 대하여 테레사를 도와주었다. 그녀 자신의 생활과 의사로서의 일에 NLP를 성공적으로 적용하였음에도 불구하고 테레사는 어려운 사람들을 다룰 때 힘이 든다고 말했다. 그녀는 특히 공격적인 사람을 다룰 때 자신감을 잃었다.

이미 이 과정을 통해 기분이 매우 좋아진 조는 테레사로 하여금 가장 자신감이 높을 때의 느낌을 생각하고 그 생각을 몸 곳곳에 돌리도록 하였다. 그다음 그녀가 기분이 좋아짐에 따라 미래에 공격적인 사람을 다루어야 하는 장면을 상상하도록 하였다. 그는 그녀가 그 이미지를 지우고 몸에 좋은 느낌을 돌리도록 하였다. 기쁘게도 그가 그녀의 생각을 이 과정으로 이끔에 따라 테레사의 몸 전체는 똑바로 서고 끝날 때쯤에 그녀는 상당히 자신감 있어 보였다.

리처드가 무대로 돌아왔다.

어떠셨나요? 꽤 재미있지요? 여러분이 기분 좋은 것을 생각하기 시작할 때 상대방이 웃기 시작하지 않았나요? 그것은 전염성이 있는 무언가가 있다는 것을 의미해요. 사람들은 대화를 할 때마다 서로에게 영향을 주며, 좋은 기분을 만드는 것은 여러분이 단지 이곳에서만 하는 것이 아니라 일상의 한 부분이 되어야 합니다. 여러분이 자신의 결혼에 대하여 생각할 때, 그것을 여러분이 가지고 있는 모든 좋은 기억과 연결시켜야 합니다. 그리고 불쾌한 것에 대해 생각할 때 그저 그 영상 밖에 있으세요. 만약 결혼에다 배우자가 하는 모든 나쁜 일들과 연결시킨다면, 여러분은 그것 때문에 항상 화가 날 거예요.

만약 우연히 인생에 있었던 불쾌한 일을 떠올리게 된다면, 그것이 흑백 즉석 사진처럼 보이게 하고 그것을 멀리 떨어뜨리세요. 그러면 꽤 짧은 시간 안에 그것은 그렇게 중요하지 않게 될 거예요.

만약 여러분이 행복, 기쁨, 흥분으로 마음이 떨린다면… 그거 아세요? 여러분 주위에 있는 사람들은 무슨 일이 일어나는지도 모르는 채로 여러분과 똑같이 할 거예요. 만약 여러분이 기분 좋은 상태에 들어가면, 주위에 있는 사람들도 똑같이 할 거예요. 이런 것들이 여러분의 무의식이 가지고 있는 거예요.

이제 점심을 먹으러 갑시다. 한 시간 반 후에 기분 좋고 깜짝 놀랄 일을 맞이할 마음으로 돌아오세요!

리처드는 큰 박수갈채를 받으면서 무대를 떠났다.

조, 테레사, 그리고 에밀리가 함께 나왔고 조는 에드거에게 함께 가자고 제안하였다. 그들이 식당에 앉으면서 조는 하루 종일 그의 머릿속에 있었던 것에 대한 이야기를 꺼냈다. "테레사, 당신은 오늘 아침에 배움을 방해하는 확신에 대해 이야기하였는데, 제가 잘 이해하지 못했어요. 강한 믿음과 확신을 가지는 것은 좋은 것이지요?"

"확신이 그 자체로 나쁜 것이라고는 말할 수 없을 것 같아요." 테레사가 명확하게 설명하였다. "확신을 가지는 것이 좋을 때도 있고, 걸림돌이 되는 경우도 있어요."

"전 아직도 잘 모르겠어요." 조가 말하였다.

"제 말은 이거예요. 지도가 영토가 아니라는 것을 들었으니까 이렇게 설명할게요. 만약 당신이 여기에 와서 그 어떤 것에서도 혼란스러움을 경험하지 않는다면, 그것은 당신이 보고 들은 모든 것을 당신의 예전 지도에 맞추어 넣는다는 것을 의미할 거예요. 어떤 사람들은 그들의 지도가 영토라는 것을 지나치게 확신해서 어떤 정보가 들어와도 이미 알고 있는 것에 끼워 넣어요."

테레사가 이야기를 하는 동안 조는 에밀리의 얼굴에서 어떤 표정을 알아차렸다. 에밀리는 이야기를 듣고 있지 않았고 그저 먼 곳을 바라보고 있었다. 무언가 그녀를 괴롭히고 있었지만 그녀는 엄마가 알아차리는 것을 원치 않는 것처럼 보였다. 조와 눈이 마주쳤을 때, 그녀는 즉시 자세를 가다듬고 약간 창피해하며 돌아앉았다.

"들어봐요, 조." 테레사가 이야기를 이어갔다. "그것은 마치 둥근 구멍에 정사각형 못을 넣으려는 것과 같아요. 만약 당신이 지도는 영토라는 확신에 가득 차 있다면, 자동적으로 모든 못이 둥글다고 가정하게 될 거예요. 그러면 당신은 둘 중에 한 방법으로밖에 경험을 이해할 수 없어요. 둥근 구멍에 들어갈 때까지 정사각형 못을 '왜곡시키거나' 상관없다는 듯이 그것을 버림으로써 그 단서의 조각을 '삭제'하는 것이지요. 둘 중 어느 경우라도 확신은 당신이 상황에 대해 옳다는 믿음만을 강화시키는 역할을 하는 것이지요. 정사각형 못에 맞는 구멍을 위한 공간을 만들지

의문이에요. 그러니까 저는 '혼란스러움이 없다'가 '배움이 없다'는 의미일 수 있다고 생각해요. 당신의 지도를 수정하거나 확장하지 않고서는 당신 자신이나 세상에 대하여 새로운 것을 찾아낼 수 없어요. 그리고 당신은 적어도 아주 작은 혼란이라도 있어야 당신의 지도를 바꾸지요. 혼란은 명확성으로 가는 문이에요."

"그리고 만약 당신이 리처드가 무대 위에서 하는 것을 본다면," 에드거가 덧붙였다. "강한 신념을 갖게 하는 것은 사실이지만 그는 또한 사람들을 붙잡고 있는 변화는 느리고 고통스러울 것이라는 전형적인 신념을 끌어내리기 위해 많은 시간과 에너지를 쓰고 있기도 하죠."

"당신들은 모든 것을 잘 이해한 것 같군요." 조는 살짝 부러워하며 말하였다.

"머리가 희끗해진다는 것은 무엇인가를 설명해 줌에 틀림없지요." 에드거가 농담을 하였다.

조가 물었다. "그건 그렇고, 당신은 어떻게 심리치료와 NLP를 통합하세요?"

"쉽게요!" 에드거가 끼어들었다.

"제 말은, 두 가지를 합치는 것이 힘들지 않으세요?"

"전혀 그렇지 않아요. NLP는 우리가 자신과 그리고 세상과 어떻게 소통하는지를 이해할 수 있는 매우 훌륭한 도구를 제공해요. 당신은 그 도구들을 여러 다른 상황에 적용시킬 수 있어요. 제 생각에는 이것이 NLP가 모든 연령의 사람들에게 그토록 매력적인 이유인 것 같아요."

"그래서 당신은 NLP에 어떻게 참여하게 되셨나요?" 테레사가 에드거에게 물었다.

"저의 분야에서 일을 하면 머지않아 리처드 밴들러의 작업에 대해 듣게 되요. 개인적으로 저만의 도구 세트에 추가시킬 새로운 시각, 새로운 접근법, 새로운 기술을 고대하고 있어요. 저는 내담자와의 작업에서 막힐 때마다 새로운 무언가를 탐험할 때라고 생각해요. 그것이 저를 새로운 가능성에 열려 있을 수 있게 합니다. 저는 선천적으로 호기심이 많고, 도전은 동기가 부여되도록 도와줘요. 저는 NLP 분야를 통해서 많은 것을 배웠어요. 제가 항상 저에게 상기시키는 한 가지는 (특히 제가 '나쁜' 행동을 볼 때) NLP의 또 다른 중요한 원리예요. 사람들은 언제든지 그들이 할 수 있는 최선의 선택을 한다. 그것은 그들의 세상에 대한 지도를 고려했을 때, 할 수 있는 최선의 선택을 한다는 의미이지요. 그 선택이 자기 방어적이거나 이상할 수도 있지만 그들에게는 그것이 앞으로 나아가는 최선의 길이라고 보입니다. 세상에 대한 그들의 지도를 확장할 수 있도록 도와주면 그들은 더 좋은 선택을 하게 될 것입니다."

조는 이 개념이 매우 마음에 들었다. 그것을 어떻게 그의 인생에 적용할 것인지에 대해서 생각하면서 그는 다른 사람들의 지도를 이해하고 존중하는 것이 필수적이라는 아이디어를 생각해 보았다. 나의 지도는 내가 이 세상을 어떻게 생각하는지를 나타내고 내가 무엇을 할지 그리고 다른 사람들과 어떻게 의사소통할지를 결정한다. 만약 동료가 나의 것과는 상당히 다른 지도를 바탕으로 움직인다면, 그 사람과 소통하는 것은 어려울 수도 있다. 우리는 서로를 잘 이해하지 못하게 될 것이다.

조는 이제부터 한걸음 물러서서 동료들의 시각과 관점을 배우겠다고 결심하였다.

그가 생각을 하는 동안, 에밀리가 대화에 끼어들었다.

"그러면 제가 친구를 이해시키는 것에 처절하게 실패할 때, 그것은 그들의 지도가 저의 것과 다르기 때문인가요? 가끔씩 저는 모든 사람들은 말하기 전까지는 현명하다고 느껴져요.[3]"

조가 씩 웃었다. 에밀리는 꽤 독특한 성격이었다. 십대 소녀의 입에서 더블린 중심가에 있는 술집에서 현명한 80세 노인에게서나 들을 것 같은 주옥같은 이야기가 나왔다.

테레사 또한 미소를 지었다. "그렇단다. 그것은 너희들의 지도의 차이점 때문이란다. 그리고 여기 그런 상황에서 유용한 한 가지 방법이 있다. 만약에 너의 의사소통의 의미가 네가 의도한 것과 다르다면 네가 받는 응답은 어떨까?"

에밀리는 어리둥절한 표정이었다.

"그것도 NLP의 원리 중에 하나란다." 에드거가 명확히 이야기해 주었다. "의사소통을 더 효율적으로 하기 위해서 받는 응답에 따라 측정해 봐야 해. 그렇게 하면, 만약 네가 원하는 반응을 받았다면 대화는 성공적이었던 것이고, 반면에 다른 반응을 받는다면 너는 너의 행동을 바꿈으로써 여전히 성공할 수 있는 기회를 갖게 된다."

에밀리가 정리하려고 하였다. "당신이 말씀하시는 것은 상대방이 제 의미를 제대로 이해하는 것보다 제가 제 뜻을 이해시키는 것이 더 중요

---

3 Everybody is wise until they speak : 말은 아낄수록 좋다는 속담이다(역자 주).

하다는 말씀이군요?"

"그렇게도 설명할 수 있지." 에드거가 대답하였다. 그리고 그는 테레사를 바라보았다. "어떻게 생각하세요?"

"저도 동의해요." 테레사가 응답하였다. "그리고 네가 이런 태도를 갖고 있는 한 넌 결코 의사소통하는 것에서 실패하지 않을 거야. 왜냐하면 다른 사람의 반응이 네가 옳은 방향으로 가고 있는지 아닌지를 알려주는 피드백이 될 거니까. 그것은 물론 네가 너의 의사소통에 대한 책임을 져야 한다는 것을 의미하고 만약 네가 원하는 결과를 얻지 못한다면 너는 너의 행동을 바꾸어야 해."

에드거도 동의하였다. "이 원칙은 사람들은 결코 너의 마음을 읽을 수 없다는 것이야. 물론, 제다이[4]는 제외하고."

테레사는 이 이야기를 들으면서 빙그레 웃었다.

에드거가 이야기를 계속했다, "물론 사람들이 몇 가지 합리적인 추측을 할 수는 있지만 결국 그들은 그들이 생각하는 너의 의도에만 반응할 수 있단다. 그리고 그것은 네가 의도한 의미에 대한 정확한 해석일 수도 있고 부정확한 해석일 수도 있지. 나의 직업에서 이것의 가치는 만약 우리가 우리의 이야기에 사람들이 적절하게 반응하기를 원한다면 우리는 그들에게 말하기보다는 그들과 이야기를 할 필요가 있다는 것을 명확히 해 주는 것이지. 그것은 우리가 그저 사람들이 우리가 이해하라고 의도

---

4 제다이는 영화 스타워즈에 나오는 가상의 조직으로서, 그들은 자신의 능력을 사회에 공헌하는 방향으로 사용한다. 제다이는 미래를 예견하고 다른 사람의 마음을 조정하는 힘을 가지고 있다.

한 대로 이해할 것이라고 가정하는 것 대신, 끊임없이 우리의 말에 대한 다른 사람들의 반응을 인식하고 그것에 따라 자신의 의사소통을 조정해야 한다는 것을 의미한단다."

조는 점심을 먹으면서 이것을 머리에 새겼다. 그는 정말로 좋은 시간을 보내고 있었다. 경험과 통찰을 다른 참가자들과 공유할 수 있는 것이 이 강연에서 그가 가장 좋아하는 것이다.

제4장

능숙한 의사소통가가 되는 방법

점심시간 후에, 조는 근처에 있는 공원에 홀로 짧은 산책을 갔다. 그는 직장에서의 회의를 떠올리고 그에 대한 그의 감정을 바꾸는 연습을 함으로써 방금 했던 활동을 활용하고 싶었다.

조는 그가 느끼는 방식에 대해 더 많은 통제력을 가질 수 있는 진정으로 소중한 방법을 배웠다고 생각하였다. 그는 이미 그의 인생에 더 많은 통제권을 가진 듯 느껴졌다. 그는 하위양식들을 가지고 실험해 보기로 하였다. 테레사와 함께 연습한 기법을 사용해 보는 것과 더불어 그는 그가 만든 부정적인 이미지의 크기를 줄여 보려고 하였다. 이것은 부정적 이미지를 덜 강렬하게 만들었다. 그가 부정적인 생각들에서 색깔을 빼내었을 때, 그것 또한 많은 도움이 되었다. 그의 비판적인 내면의 목소리가 여전히 그에게 부정적으로 영향을 주는 듯 보였기 때문에 그것 역시 다루어야 할 부분이라는 것을 알고 있었다. 그가 무엇을 말하는지에 집중하는 대신에 자신을 비판할 때 사용하는 목소리 톤이 어떻게 말하는지에 대하여 작업하였다. 그 목소리를 더 좋은 소리로 만드는 것이 실제로 그를 훨씬 더 기분 좋게 만들었다.

결과에 만족한 그는 세미나실로 돌아가서 앉을 자리를 찾았다. 리처드가 웃으면서 무대에 올랐을 쯤에, 조는 이미 다음에 있을 회의 몇몇을 고대하며 미소짓고 있었다. 기분 좋음은 훌륭한 시작이었고, 그는 자신의 고객들 그리고 동료들과 대화하는 가장 효율적인 방법도 배울 필요가 있다는 것을 알고 있었다. 그는 리처드가 이야기를 시작함에 따라 기대로 가득 찼다.

오늘 아침에 여러분은 자신이 어떻게 느끼는지에 대해 통제감을 가질 수 있다는 것뿐만 아니라, 다른 사람들과 이야기를 나누지 않고서도 그들에게 영향을 미칠 수 있다는 것을 배우셨습니다. 여러분 상태가 그들의 상태에 영향을 미치는 것이지요. 기억하세요. 요구르트는 요구르트를 압니다.

오후 시간에는 무언가 다른 것을 하려고 합니다. 왜냐하면 우리가 오래전 처음 이 모델을 시작했을 때, 우리는 효과 있는 것을 찾아보는 것부터 시작했습니다. 그것은 치료에서뿐 아니라 의사소통의 모든 측면에서입니다. 저는 가장 성공한 영업 사원, 기업 리더들, 교사들, 의사들, 그리고 치료사들이 어떻게 의사소통하는지를 바탕으로 모델을 만드는 과정을 시작하였습니다.

흥미로운 것은 설령 그들이 아주 다른 분야에서 일을 하더라도 최고의 의사소통가들 모두가 많은 공통점을 가지고 있었다는 것입니다. 그들 모두는 다른 사람들과 라포를 형성하는 강력한 힘을 가지고 있었습니다. 그들은 명료하게, 구체적으로, 설득력 있게 대화할 수 있었습니다. 그들은 어떤 질문을 해야 하는지 그리고 어떻게 다른 사람들을 정말로 기분 좋게 만드는지를 알고 있었어요.

오늘 오전에 약속한 것처럼 앨런에게 이곳에 올라와서 여러분에게 라포의 기초적인 기술과 우리가 **표상체계**(representational system)라고 부르는 것에 대해서 가르쳐 달라고 부탁하고 싶네요. 앨런은 나의 최고의 트레이너들 중에 한 명입니다. 그에게 큰 박수 보내 주시고 저는 나중에 돌아오겠습니다.

앨런이 무대 위로 올라올 때 조는 함께 박수를 쳤다. 그는 트레이너로서 앨런이 어떤 모습인지 궁금했다. 조는 무대를 올려다보면서 앨런에게 미소를 지었다. 그에게 친숙한 얼굴이 필요할지도 모른다고 생각했다.

앨런은 무대에 올라와서 리처드와 악수를 하였고, 그는 그 어느 때보다 더 자신감 있어 보였다. 리처드가 무대를 떠날 때, 앨런은 감사의 인사를 하였고 바로 시작하였다.

안녕하세요, 여러분. 점심을 맛있게 드시고 오셨고 흥미로운 오후를 위한 준비가 되셨으리라 믿습니다. 지금까지 여러분은 자신이 느끼는 방식을 자신이 바꿀 수 있도록 NLP가 어떻게 도움을 줄 수 있는지에 대해서 배우셨습니다. 이제 어떻게 다른 사람들과의 의사소통을 향상시킬 수 있는지에 집중을 해 보겠습니다.

몇 년 전에 제가 NLP를 처음 시작했을 때, 저는 주위에서 만날 수 있는 최고의 의사소통가는 아니었다고 표현할게요. 저는 종종 다른 사람들과 있으면 불안했고 그리 큰 영향을 주지 못했어요. 저는 많은 기회가 그냥 지나쳐가게 두었죠. NLP 과정에서 정말로 유용한 수많은 기법들과 도구를 만나기 전까지는 저는 늘 제가 만나는 사람들과 친해지는 것이 어렵다고 생각했습니다.

조에게는 앨런이 한때 자신감으로 힘들어했다는 것이 믿기 어려웠다. 깜짝 놀란 그는 앨런을 올려다보았고 앨런은 이야기를 이어갔다.

NLP에서 배운 최고의 것은 제가 다른 사람들과 어떻게 잘 지낼 것인지에 영향을 줄 능력을 가지고 있다는 것입니다. 저는 여러분이 더 사랑받게 될 수 있다는 것을 깨달았고, 이 통찰력은 저의 삶을 바꾸어 놓았습니다.

타인과 라포를 형성하는 것으로 시작합시다. 라포란 다른 사람들과 만들어 내는 연결 감각이고, 이 연결은 당신과 상대방 둘 다를 마치 서로를 잘 이해하고 공통점을 가지고 있는 것처럼 느끼게 만들어 줍니다. 두 사람이 잘 어우러질 때, '라포 안에 있는'이라고 표현됩니다.

라포를 형성하는 것은 자연스러운 과정입니다. 그것은 항상 일어나는 일이며 우리 모두는 어느 정도까지 이것을 하고 있습니다. 라포, 공감, 지각하기, 주파수 맞추기 등 여러분들이 원하는 대로 호칭할 수 있습니다. 중요한 것은 우리 모두가 그것을 한다는 것입니다.

제가 왜 이것을 여러분에게 말하냐고요? 그 이유는 그것이 너무나도 자연스러운 것이라 결국 우리는 그것을 타고난 기술이라고 여기게 되었기 때문입니다. 사람들이 버지니아 사티어에 대해서 어떻게 생각하는지를 기억하시나요? 그녀가 마법의 치료사라는 것이요. 그녀의 성취는 그녀가 한 일들 때문이 아니고 그녀 자신 때문이었습니다. 운 좋게도 누군가 그것 이상을 볼 수 있었고, 그녀의 행동과 모델 이면에 있는 사고와 의사소통 패턴을 밝혀내어서 그 기법을 가르칠 수 있고 배울 수 있도록 하였습니다.

아시다시피 NLP는 주위에 일어나는 일들에 주의를 잘 기울이는 방법에 대한 것입니다. 리처드와 그의 동료들이 알아낸 것은 두 사람이 정말 잘 지낼 때, 그들은 모든 수준에서 서로의 의사소통 패턴을 맞추는 경향이 있다는 것이었습니다. 이것이 암시하는 것은 흥미로웠습니다. 그들은 다른 사람의 의사소통 패턴에 의도적으로 맞춤으로써 그들과 깊은 연결의 감각을 만들어 낼 수 있다는 것을 알아냈습니다.

제가 흉내 내기(mimicking)에 대해서 이야기하는 것이 아님을 알아주시길 바랍니다. 만약 당신이 한 사람의 모든 움직임을 따라한다면 그들은 곧 당신의 얼굴을 한 대 치고 싶어질 테니까요. '맞추기(matching)'란 다른 사람의 의사소통과 조금 더 한 선상에 있을 수 있도록 당신의 의사소통 방식의 일부분을 미묘하게 그리고 점진적으로 맞춰가는 것을 의미합니다. 제가 말씀드린 것과 같이, 이것은 단순한 언어적 의사소통만을 이야기하는 것이 아닙니다. 당신의 목소리 톤이나 말의 속도, 템포 역시 중요합니다. 또한 라포를 형성하기 위해 필수적인 것은 당신의 머리 움직임, 몸짓, 팔짱을 끼었는지 아닌지, 다리를 꼬았는지 아닌지와 같은 당신의 자세입니다.

이것을 직접 확인하고 싶었던 조는 세미나실을 둘러보았다. 곧 그는 정확히 같은 자세로 앉아 있는 사람들의 몇몇 예를 찾을 수 있었다. 테레사와 에밀리를 예로 들어 보자. 그들은 둘 다 손으로 턱을 괸 채로 앞쪽으로 기대 앉아 있고 그들의 머리는 한쪽으로 살짝 기울어져 있다.

사실, 맞추기에 가장 좋은 것은 호흡입니다. 만약 여러분이 타인과 같은 속도로 호흡한다면, 그들과 연결하는 강력한 방법이 될 수 있습니다. 그것이 그들의 자각에서 더 벗어나 있을수록 더 좋습니다. 사실 궁극적인 목표는 걷기나, 운전처럼 자신에게도 무의식적인 과정으로 만드는 것이 니까요. 여러분이 다른 것에 집중할 수 있도록 이것이 배경에서 돌아가는 프로그램이기를 원하는 것입니다. 그리고 그것은 이 기술들을 연습함으로써만 이루어질 수 있습니다.

일단 이것을 잘하게 되면, 여러분은 다른 사람을 여러분과 같은 감정과 행동으로 이끌 수 있습니다. 우리는 이것을 보조 맞추기(packing)와 이끌기(leading)라고 부릅니다. 그러니 만약 여러분이 돌아앉아서 여러분에게 가까이 있는 것처럼 보이는 누군가와 이야기를 할 때, 일단 그들과 속도를 맞추고 서서히 여러분의 신체 언어를 더 개방적으로 바꾸기 시작한다면 그들은 자신만의 신체 언어와 함께 여러분을 따라 올 것입니다. 이것은 마치….

앨런은 길고 깊은 숨을 들이마시고 그의 입으로 천천히 내뱉었다. 그 후 몇 초 동안 멈추었다.

조는 자신도 같은 것을 하고 있다는 사실을 알아차렸다.

앨런이 청중에게 몇 명이나 더 깊은 숨을 쉬었는지 물어보았더니 거의 모든 손이 올라갔다. 앨런의 얼굴은 미소로 밝아졌고 그는 다시 이야기를 시작했다.

이것이 제가 말하는 것이에요! 이 일이 얼마나 자연스럽게 일어나는지 보셨나요?

리처드는 그가 오전에 말했던 것의 섬세한 세부 사항들을 여러분에게 보여 주라고 저에게 부탁하셨어요. 라포는 단지 여러분의 몸이나 목소리 톤만이 아니라 다른 사람과 사용하는 언어에도 그렇습니다. 특히 사람들이 대화를 할 때, 그들은 사용하는 단어를 통하여 그들이 이 세상을 어떻게 표상하는지를 드러냅니다.

더 명료하게 하기 위해 한 발 뒤로 가봅시다. 지금쯤이면 여러분은 우리의 두뇌가 어떻게 실제를 지도화하는지 알아차리기 시작하였을 것입니다. 우리는 세상으로부터 정보를 받아들이기 위해 사용하는 다섯 가지의 감각들을 가지고 있습니다. 그러니 우리는 정보를 우리 자신에게 표현하는 다섯 가지 방법을 가지고 있다고 말할 수 있겠지요. 기본적으로 그것은 내적 이미지, 소리와 느낌, 그리고 냄새와 맛과 같은 다소 제한적인 감각으로 요약이 됩니다. NLP에서는 이러한 양식들이 표상체계로 더 잘 알려져 있습니다.

리처드가 이미 여러분들에게 버지니아 사티어가 어떻게 작업을 하는지에 대한 좋은 예를 들어 주었고 어떻게 하위양식들을 바꿈으로써 그 표상들, 즉 표상의 질을 통제할 수 있는지를 보여 주었습니다. 제가 하고자 하는 말은 비록 모든 사람들이 같은 오감을 가지고 세상을 경험한다 하더라도 모두가 같은 방법으로 현실을 지각하는 것은 아니라는 것입니다. 우리 중 몇몇은 시각적인 이미지로 생각하는 것을 선호하고, 어떤 이들은 소리와 단어에 대해 예리한 귀를 가지고 있습니다. 그리고 세상을 이해하기 위해 주로 신체적인 감각에 의존하는 사람들도 있습니다. 이것이 우리가 그런 '종류'의 사람이라는 것을 뜻하지는 않지만, 한 사람이 특정한 상황에서 어떻게 생각하는지를 이해할 수 있게 해 줍니다.

조의 생각은 다시 여자 친구와의 관계로 돌아갔다. 그녀는 시각적인 부분에 훨씬 더 '집중'하는 것처럼 보인다고 생각하였다. 내가 표상체계에 대하여 이야기를 듣기 전까지 이것을 한 번도 알아차리지 못했다는 것이 놀랍군.

만약 여러분이 무엇을 찾아야 하는지 그리고 무엇을 들어야 하는지 알면, 여러분은 사람들이 어떻게 이 세상을 표상하는지를 이해하는 것에 한걸음 더 다가간 것입니다. 그리고 그것은 결과적으로 여러분이 훨씬 더 깊은 수준의 라포를 형성하게 도와줍니다.

사람들이 이야기할 때, 그들은 감각과 관련된 언어를 사용하고 그들이 사용하는 그 감각의 단어들은 그들이 어떻게 생각하는지에 대한 단서를 언어에 남겨 두는 것과 같습니다. 예를 들어 어떤 사람은 "나에게 보이는 (see) 그것" 또는 "나는 그것을 다르게 봅니다" 또는 "나의 관점에서는" 과 같은 표현들을 사용하는 경향이 있습니다. 어떤 사람은 "당신이 하는 말이 무엇인지 들어요(hear)" 또는 "그것이 대략 맞는 소리네요" 또는 "당신이 하는 말이 울려 퍼지는군요"라고 말하는 경향이 있습니다. 그리고 마지막으로 "그것이 맞는 느낌(feel)이에요" 또는 "나는 이해했어요. 그리고 당신이 그것을 이해하도록 돕고 싶네요" 또는 "그것은 저와 잘 맞는 느낌이에요"라고 말하는 사람이 있습니다.

조는 매우 빠르게 휘갈기며 필기를 하고 이 예시들을 리처드가 아침에 이야기한 커플들과 작업을 하는 버지니아의 이야기 속 예시들과 합쳐보 았다.

사람이 어떻게 말하는지를 들어 봄으로써 여러분은 그들이 어떻게 생각하는지를 찾아낼 수 있고, 그것은 여러분이 그들과 어떻게 대화해야 하는지를 알 수 있게 해 줍니다. 그들이 시각적인 단어들을 사용할 때, 반드시 그들에게 명확한 **그림을 보여 주세요.** 그들이 청각적인 표현들을 사용하면 **주파수를 맞추고** 그들이 당신을 **크고 분명하게 들을** 수 있도록 하세요. 그들이 느낌 단어들을 사용할 때는 그들에게 **확고한** 이해를 전달할 기회를 잡으세요. 이것이 여러분이 정말로 그들과 같은 언어를 사용한다고 느낄 수 있도록 도와줄 거예요.

이제 누군가가 저에게 가장 최근에 있었던 휴가 경험을 말해 줄 수 있나요?

조는 에드거의 목소리를 들었다. "물론이죠, 저는 최근에 로마에 갔습니다. 환상적이었어요. 정말 아름다운 곳이죠. 몇몇 조각들은 정말 컸는데 그럼에도 고전적인 모습을 띄고 있었어요. 관광지들을 돌아다니고 사람들이 생활하는 것을 보면서 시간을 보내는 것은 환상적이었어요. 저는 환상적인 시간을 보냈어요. 그곳은 나에게 가장 예쁜 도시들 중에 하나라는 것을 보여 주었지요."

앨런이 끼어들었다.

정말 좋은 곳처럼 들리네요. 사람들과 이야기하는 것은 어땠나요?

에드거는 살짝 혼란스러워 보였고 머뭇거렸다. "어, 그들은… 제 말은, 착했던 것 같아요. 그들은 몸짓을 너무 많이 해서 내가 그것에 방해받는 경향이 있었어요!"

몇몇 청중들이 킥킥거리며 웃기 시작했다. 앨런는 이야기를 이어갔다.

좋아요. 여러분 중에 몇몇은 무슨 일이 일어났는지 알아차리셨습니다. 에드거는 매우 시각적으로 표현하고 있었습니다. 내기 그에게 그의 청각적인 경험을 물었을 때, 그는 그것과 연결하는 것을 어려워했지요. 자, 저에게 휴가를 설명해 주실 다른 지원자 있을까요?

앞줄에 있는 한 여성이 이야기를 했다. "저는 인도에 갔었어요. 하지만 저는 이 표상체계들로 생각하지 않아요."

앨런이 웃으며 말했다.

모두가 약간은 하지요. 어쨌든 당신의 표현을 듣고 싶군요.

그녀가 시작하였다. "저는 지난달에 인도에 있었고요. 제가 그곳에서 좋았던 것은 내가 그 장소와 정말로 통했다는 것이에요. 그곳에 있는 것이 정말로 좋게 느껴졌어요. 따뜻하고 가끔은 조금 후덥지근했어요. 하지만 저는 그곳에서 많은 만족감을 느꼈어요."

앨런이 끼어들었다.

와, 그래서 그곳의 문화는 파악하셨나요? 그곳 현지 사람들과는 어떻게 통하셨나요? 당신은 그곳에서 안락함을 느꼈나요?

잠시의 지체도 없이 그 여성은 열광하며 이야기하였다. "네! 정말 감동적이었어요. 저는 그곳이 마치 나의 집인 것처럼 환영받는 것처럼 느꼈어요. 저는 인도가 정말로 넓은 마음을 가진 사랑스러운 나라라는 것을 알 수 있었어요. 저는 그곳에서 너무나도 편안했어요."

또다시 몇몇 청중들이 웃었다. 조는 그 이유를 이해할 수 있었다. 이번에는 앨런이 그 여성이 사용하는 표상체계와 맞춘 것이다. 그녀가 '느낌' 단어로 이야기함에 따라 그도 같은 종류로 반응했고 그것이 대화를 효율적으로 진행될 수 있도록 도왔다.

앨런은 설명을 계속하였다.

여러분이 누군가가 사용하는 표상체계와 맞추면 그것은 그 사람이 여러분과 라포가 형성된 것처럼 느끼게 해 줍니다. 여러분이 그것을 '다르게 맞추면' 여러분이 보셨다시피 좋은 감정을 느끼지 못해요. 그들과 공명할 수 없으니까요.

조는 앨런이 마지막 문장에서 세 가지 표상체계를 모두 사용한 것을 알아차렸다. 그의 다음 이야기에서 그 이유를 설명하였다.

만약 여러분이 지금과 같이 많은 청중들에게 이야기를 하고 있고 그들이 가장 선호하는 표상체계에 맞추기를 원한다면 여러분은 표상체계 모두를 돌아가면서 사용해야 합니다. 그것은 두 가지 긍정적인 효과를 가지고 있어요. 라포를 형성하도록 도와줄 것이고, 또한 감각적 경험을 모든 청중들에게 주게 될 것입니다.

설명은 이것으로 충분해요. 이제 직접 경험해 볼 시간입니다.

한 가지 활동으로 시작해 보지요. 두 명씩 그룹을 만드세요. A는 B에게 이야기를 할 거예요. 그리고 B가 이야기를 듣는 동안 B는 A의 신체 언어와 다르게 맞추면서 시작할 거예요.

더 나아가 B는 A의 이야기에 반응하지만, 다른 속도로 말할 것이며 A와는 다른 표상체계를 사용할 것입니다.

그동안 A는 그들의 경험에 대하여 생각해 보고, B에 대해 어떻게 느끼는지를 생각해 보세요.

그다음으로, A가 이야기를 하는 동안에 이번에는 B가 미세하게, 정말 미세하게 그들의 신체 언어, 목소리의 음조, 말하는 속도 그리고 표상체계에 맞추세요.

또다시 A는 그 경험에 대해서 생각해 보세요.

그리고 역할을 바꾸어 보세요.

저는 15분 후에 여기로 다시 돌아오겠습니다.

조는 파트너를 찾기 위해 둘러보다가 30대 초반의 매력적인 여성과 눈이 마주쳤다. 그들은 활동을 함께 하기로 하였다. 그녀는 그에게 이름은 캐롤라인이며 직업은 배우라고 이야기해 주었다.

"안녕하세요, 캐롤라인. 저는 조입니다. 이곳에는 어떻게 오시게 되셨나요?"

"음, 사실 작년에 제가 유방암에 걸렸다는 것을 알게 되어 매우 힘든 한 해를 보냈어요. 그 일을 겪으면서 제가 무엇을 하고 있는지에 대하여 다시 생각해 보게 되었지요. 이제 저는 많이 좋아졌고 생활도 되찾았으니 저의 꿈은 전문 배우가 되는 것이에요. 이 길을 오면서 저는 자기발전과 자립에 대한 몇몇 책을 읽었고 그곳에서 NLP를 알았어요."

"와, 놀랍군요. 힘든 일을 이겨내신 것 축하해요."

"감사해요, 조. 그것은 고통의 긴 여행이었지만 자신을 발견하는 시간이기도 했어요. 이제 저는 제 꿈을 현실로 만드는 것에 집중하고 있고 낮에는 일을 하고 밤에는 오디션 준비를 위해 수업을 듣고 있어요. 미래의 여배우인 제가 가장 많이 받는 질문이 무엇인지 아세요?"

"아니요, 뭐예요?"

"에스프레소 한 잔과 머핀 하나 주시겠어요?"

조는 웃었다. "커피숍에서 일하세요?"

"지금은요. 하지만 제가 성공할 때까지만이에요."

"멋져요. 그럼 당신이 먼저 시작할까요? 그리고 제가 당신에게 실험해 볼까요?"

"좋아요." 그녀가 대답했다.

조는 캐롤라인이 관심 있는 것에 대하여 이야기하는 동안 그녀의 신체 언어를 관찰하고 그녀와 다르게 맞춤으로써 시작하였다. 그녀가 다리를 꼬았을 때, 그는 그의 다리를 벌렸다. 그녀가 그의 쪽으로 몸을 숙였을 때, 그는 바깥쪽으로 기대었다. 그것은 매우 재미있었고 그녀가 점점더 불편해하는 것을 볼 수 있었다. 그는 그녀의 이야기를 들으면서 그녀가 상황을 보는 방식과 그녀가 집중하는 것에 대해서 이야기한다는 것을 알아차렸고 그래서 그는 그녀에게 느낌 단어들을 사용하기 시작하였다. "저는 이것이 당신에게 중요하다는 것을 느낄 수 있어요." 그리고 "저는 당신이 느끼는 것을 파악하기 시작했어요." 이것은 그녀를 더 짜증나게 만들었다. 조는 정말로 재미있어 하였다.

캐롤라인이 완전히 화가 나서 소리치는 데까지는 5분이 채 걸리지 않았다. "조, 만약 당신이 지금 당장 이것을 멈추지 않으면 저는 당신을 한 대 칠 거예요. 정말 세게요!"

조는 웃지 않을 수 없었지만 그럼에도 사과했다. 와, 그녀는 쉽게 화가 나는구나, 그는 생각하였다.

그럼 다음 그들은 활동의 두 번째 부분으로 들어갔다. 조는 캐롤라인의 신체 언어와 표상체계에 맞춰감에 따라 그녀가 더 많이 웃고 대화 중에 더 편안해 보인다는 것을 알 수 있었다.

곧 역할을 바꿀 시간이었고 조가 다르게 맞춤을 받는 입장이 되었을 때, 그것이 얼마나 짜증나는지 깨달았다. 어쩌면 그녀가 그렇게 쉽게 투덜거리는 사람이 아닐지도 몰라, 결국 그는 인정하였다.

캐롤라인은 그가 점점 더 불편해 하는 것을 볼 수 있었고 웃기 시작했다. "하! 반대편 입장이 되어 보니 그리 좋지 않죠, 그렇죠? 이거 정말 재미있네요!"

"알았어요, 알았어요, 이제 당신이 나에게 **맞출** 차례예요." 조가 빠르게 응답하였다.

"음, 이건 살짝 지겨운 부분이군요." 캐롤라인이 미소를 띠며 말했다.

맞추기와 다르게 맞추기를 연습하는 것은 매우 재미있었다. 조는 집에 돌아가자마자 방금 배운 맞추는 기술을 여자 친구에게 실행해 봐야겠다고 생각하였다.

앨런이 곧 무대로 돌아왔다.

활동에 대하여 질문 있으신가요?

그는 잠시 멈추고 청중을 바라보았다. 헷갈려 하는 표정을 짓거나 손을 들은 사람이 없다는 것을 본 후에 그는 웃으면서 이야기하였다.

여러분 모두 다르게 맞추기를 하면서 재미있는 시간을 보내신 것 같군요.

몇몇 참가자들이 서로를 쳐다보면서 웃었다.

다음 주제로 넘어가기 전에 우리가 배우고 있는 기술들과 모델들에 관련된 짧은 여담을 하려고 합니다. 오랜 시간 동안, 많은 기법들이 발명되었고 그래서 오늘 우리는 짧은 시연을 보고 그것을 이해하기 위해 기본 개념들에 대해서 들을 것입니다. 무엇보다도 NLP는 태도이고 이 점에서 보면 리처드는 진정한 대가입니다.

다른 사람들과 잘 어울린다는 것은 분명히 여러분의 의사소통에 유익하므로 라포를 형성하는 것과 표상체계를 사용하는 것은 매우 중요합니다. 효율적인 소통가가 되기 위해 결정적인 또 다른 것은 메타모델(meta model)이라고 알려져 있는 체계입니다.

메타모델은 리처드가 존 그라인더와 함께 초창기에 만들어 낸 첫 번째 모델들 중 하나입니다. 그것은 버지니아 사티어와 같은 가장 성공적인 치료사들이 내담자의 삶을 향상시키기 위해서 질문하는 방법을 관찰하면서 만들어졌습니다.

메타모델은 정보를 구체화하고 정보를 명확히 하여 사람들이 세상에 대한 자신의 모델을 개방하도록 도와주는 세 가지 주요 기능들을 가지고 있습니다.

앨런이 무대 오른쪽에 있는 플립차트에 무언가 적기 시작하였다.

1. 정보 구체화하기
2. 정보 명확히 하기
3. 세상에 대한 자신의 모델 열기

'모델'이라고 하면 세상의 지도를 의미합니다. 무엇인가 떠오르시는 분 계신가요?

강의실 건너편에서 "지도는 영토가 아니다"라고 말하는 소리가 들렸다.

정확해요. 우리가 다른 사람들과 대화를 할 때마다 우리는 우리의 지도를 표출합니다. 우리는 정보를 삭제하거나 왜곡하거나 일반화시키지요. 그것은 때때로 유용해요. 왜냐하면 그것은 우리가 영원히 끝나지 않는 대화를 할 수 있다는 의미이기 때문입니다. 예를 들어, 누군가가 당신이 어떻게 지내는지 물어볼 때 당신은 잘 지낸다고 대답할 수 있습니다. 그것은 한 단어이기에 여러분은 많은 정보를 삭제하는 것이지만 그것은 그 목적을 다 합니다.

우리가 실제를 지도화할 때, 우리는 우리의 감각들로부터 전달받은 정보를 삭제하고 일반화하며 왜곡합니다. 그다음에 단어들을 가지고 그 지도를 묘사할 때, 다른 사람에게 또는 스스로에게 또다시 지도를 삭제하고 일반화하며 왜곡합니다.

제가 정보를 구체화하거나 명확히 하는 것에 대해서 말할 때, 제가 말하고자 하는 것은 예를 들어 이런 것입니다. 당신은 일을 끝내고 집에 옵니다. 그리고 당신의 파트너는 당신에게 사고가 있었다고 이야기합니다. 이것은 무엇을 의미할까요? 저녁밥을 태웠다는 것일까요? 당신이 가장 좋아하는 꽃병을 깼다는 것일까요? 당신 차를 박았나요? 그런 일은 없어야겠지만 누군가가 심각하게 다쳤을까요? 물론 당신은 추측을 해 볼 수 있고, 또는 더 자세하게 물어볼 수도 있습니다. 이런 일은 우리가 생각하는 것보다 더 자주 발생합니다. 메타모델은 삭제, 일반화, 그리고 왜곡 과정이 덜 명백할 때, 올바른 질문들을 할 수 있도록 도와줍니다. 잠시 후에 정확히 어떤 방법으로 이것이 가능한지 볼 것입니다.

또 다른 예는 누군가가 "나는 사교적인 사람이 아닙니다"라고 말하는 것을 듣는 것이겠지요.

앨런이 앞을 바라보았을 때, 조는 그가 아침에 한 그들의 대화를 언급하고 있다는 것을 깨닫고 얼굴을 붉혔다.

"'사교적인 사람'이라는 것이 무슨 의미인가?"가 한 가지 좋은 질문입니다. 보통 그 사람은 "저는 다른 사람들과 이야기하는 것에 자신감이 없어요"라고 말할 것입니다. 이것은 이미 **사람**에서 그들이 **하는** 무언가로 관심을 옮겨갑니다. 이것은 다루기가 더 쉽지요.

"여러분이 이야기하기에 특히 더 자신감이 없는 누군가가 있습니까?"라고 질문하면서 이야기를 계속할 수 있습니다. 이렇게 함으로써 여러분은 그들로 하여금 좁혀가서 넓게 일반화된 믿음 뒤에 있는 정확한 사건들을 찾아내도록 할 수 있습니다. 이제 여러분은 실제 영토를 밝히는 것에 한 걸음 더 다가갔습니다.

보세요. 여러분이 더 깊이 파고 들어가서 정확한 문제를 찾을수록 해결책을 찾도록 도와주는 것은 더 쉽습니다.

조는 그를 향하고 있다는 것을 알 수 있는 함축적인 질문에 대답하기 시작해야만 했다. 그가 사교적인 사람이 아니라는 것은 무슨 의미일까? 그가 이야기하기에 확신이 없는 특별한 누군가가 있는 것일까? 그것 뒤에는 무엇이 있는 것일까?

그가 이 질문을 고려하는 동안 앨런은 이야기를 계속해갔다.

메타모델의 명백한 최소 사용, 그리고 아마도 가장 중요한 것은 세상에 대한 지도를 풍부하게 만들 수 있도록 돕는 것입니다.

그것이 버지니아 사티어와 같은 사람이 이해한 것이고, 우리가 그녀를 모델링한 것입니다. 지금 여러분에게 제시하는 것은 여러분도 이와 같이 할 수 있게 해 줄 질문들입니다.

하지만 먼저 여러분이 어떻게 누군가의 세상에 대한 지도를 확장하고 풍부하게 할 수 있는지에 대한 예를 보시죠. 만약 누군가가 "모든 사람들이 나를 싫어해요"라고 말한다면, 그것은 일반화입니다. 그리고 정확할 수 없습니다. 이 세상 인구의 대다수는 사실 그 사람의 존재에 대하여 알지 못하고 만약 그들이 그의 존재를 알지 못한다면 그들은 아마도 굳이 의견을 내놓지 않을 겁니다.

그러니 여러분은 '모든 사람'이라는 용어에 질문함으로써 그 일반화에 도전할 수 있습니다. 여러분이 이것의 근거에 도달해서 그들이 의미하는 사람이 정확히 누구인지 찾아냈을 때, 여러분은 이미 압도적인 문제를 더 다룰 만하게 만든 것입니다. 그다음에, 다른 사람이 그들을 싫어하는 것을 어떻게 알 수 있는지, 정확히 어떤 사건이 그들로 하여금 그 결론에 이르게 하였는지, 그 사건이 다른 방식으로 해석 가능한지, 등에 대하여 질문함으로써 그 문제를 잘 다룰 수 있습니다. 여러분이 메타모델을 사용하여 더 많은 질문들을 할수록 그들의 신념에 의문의 씨를 뿌릴 가능성이 더 높습니다. 그리고 그것은 그 사람으로 하여금 그 신념을 더 유용하고 자원이 되도록 바꿀 수 있는 여지를 만들어 줍니다.

물론 여러분 자신의 삭제, 일반화, 그리고 왜곡에 대하여 질문함으로써 시작할 수 있습니다.

조는 흥미를 느꼈다. 메타모델은 의사소통에 매우 강력한 도구처럼 보였다. 또한 그것이 그의 제한된 신념을 바꾸기에 완벽할 것이라고 여겨졌다.

여러분이 실제 감각 경험에 더 가까이 갈수록 그것은 더 유용합니다. 그러니 일반적으로 여러분이 본 것, 들은 것, 그리고 느낀 것을 묘사하도록 노력해 보세요. 구체적이고 감각에 의지하는 것은 세부 사항들을 지도에 첨가할 수 있는 좋은 방법입니다.

　모든 상황에서 유용하게 사용될 수 있는 몇몇 질문들에 대하여 이야기해 봅시다. 그것들은 사업 협상에서도 성공적이며 여러분이 여러분의 십대 아들 또는 딸과 통하고 싶을 때도 효과적입니다. 이것들은 제가 모든 사람들에게 가르쳐 주는 질문들입니다. 관계를 맺고 있는 사람들, 심리학자들, 고위 간부들, 교사들, 판매원들, 모두요.

　때때로 여러분은 상대방이 무슨 말을 하고 있는지 더 명백하게 하기 위해 이 질문들을 사용할 것입니다. 여러분이 세미나가 어떨 것이라고 안다고 가정하면서, 여러분의 회사에 스트레스 관리 세미나를 해 줄 누군가를 고용하였다고 가정해 봅시다. 만약 그 트레이너가 노랑색 가운을 입고 나타나서 향초을 피우기 시작하고 여러분과 동료들에게 동물 신을 만나보거나, 드럼을 연주하고 복도를 나체로 뛰어 보라고 요청한다면 어떨까요? 여러분들 모두 그가 미쳤다고 생각하겠지요?

청중들이 웃었다.

하지만 그것은 그 트레이너가 말한 '스트레스 관리'라는 용어의 의미를 명확하게 하지 않았기 때문입니다. 직장과 생활 안에 너무나도 많은 혼돈과 오해들이 있습니다. 왜냐하면 사람들이 상대방이 의미하는 것을 명확히 하는 데 실패하였기 때문이지요. 사업에서 여러분이 누군가를 고용할 때 여러분은 그들이 여러분을 위해 구체적으로 무엇을 해 줄 것인지,

구체적으로 어떻게 해 줄 것인지, 그리고 구체적으로 언제 해 줄 것인지
를 이해해야 합니다. 이 질문들은 서로에게 상황이 동등하게 이해된 것
을 확실하게 해 줍니다.

조는 스스로에게 웃었다. 그는 어려운 용어들과 약자들이 난무하고,
그것들이 무엇을 의미하는지에 대하여 전혀 모르고, 회의 전체에 무슨
일이 일어나고 있는지를 이해하지 못한 채로 보냈던 많은 회의들을 기억
했다. 이후 그는 대다수의 다른 사람들 역시 무슨 일이 일어나는지 전혀
몰랐다는 것을 알아냈다! 그는 이것이 공동체 세계에서는 꽤 일반적이라
고 느꼈다. 이 메타모델 질문들은 동료들을 더 쉽게 이해하는 진정한 기
회들을 제공하였다.

앨런은 이야기를 계속 하였다.

여러분 중에 몇몇 분은 제가 하는 이야기보다 이 텅 빈 플립차트에 더
관심을 기울이기 시작하는 것을 볼 수 있군요. 계속해서 진행하도록 합
시다.

그리고 그는 플립차트의 새로운 페이지로 가서 적었다.

어떻게? 무엇을? 언제? 어디서? 구체적으로 누가?

이 질문들은 일반화뿐만 아니라 사람들이 실제로 무엇을 이야기하고 있
는지에 여러분이 파고 들어가도록 돕고, 또한 그들이 머릿속에서 정확
히 무엇을 하고 있는지에 대한 정보를 얻게 도와줍니다. 예를 들어, 누군
가가 "나는 한순간 모든 것이 그냥 다 힘들어요"라고 말할 때 여러분은

"정확히 무엇이 힘들다는 것이지요?" 또는 "당신은 그것이 힘들다고 구체적으로 어떻게 느끼지요?"라고 물어볼 수 있습니다. 이것은 그들이 정확히 문제가 무엇인지 그리고 그것이 그들에게 어떻게 문제인지를 설명할 수 있게 해 줍니다. 이것은 문제의 핵심으로 매우 빠르게 뚫고 들어갑니다. 여러분은 무슨 일이 일어나고 있는지에 대한 진정한 이해를 위해 이 구체적인 질문들을 사용할 수 있습니다.

누가 말하는가? 누구에 의하면?

여러분이 이것을 어떻게 표현하든지 간에 이 질문은 사실로 진술된 것을 견해로 바꾸어 놓는 강력한 방법입니다. 종종 사람들은 자신의 신념에 대하여 이야기할 때, 그것이 마치 진실인 것처럼 말합니다. 여러분이 "누가 그렇게 말합니까?"라고 물어볼 때, 그들의 대답은 그 진술을 진실이 아니라 의견으로 위치를 바꾸어 놓을 것입니다. 물론 의견은 단지 의견일 뿐 반드시 사실이지는 않지요. 예를 들어 만약 누군가가 "사람들은 나를 좋아하지 않아요"라고 말하고 여러분이 이 질문을 물어본다면 그들은 그 신념을 가질 수밖에 없을 것입니다. 그 문장은 "나는 사람들이 나를 좋아하지 않는다고 믿어요"가 될 가능성이 높지요. 여러분이 그것을 의견으로 표현하는 순간 변화는 일어나기 쉬워집니다.

이것은 조에게 매우 설득력이 있었다. 그는 종종 어떤 말이 그저 그 순간에 그가 느끼는 감정임에도 불구하고 마치 그것이 절대적으로 사실인 것처럼 말했다는 것을 인정할 수밖에 없었다. 심지어 사교직인 사람이라는 것도 이 범주에 들어갔다!

앨런은 계속해서 차트에 써 내려갔다.

모두? 항상? 결코? 아무도? 아무것도? 모든? 누구도?

제가 제시한 예에서 보았고 여러분이 마주하게 될 또 다른 범주는 과잉
일반화입니다. '항상', '결코', '모두'와 같은 단어들을 들어 보세요. 여
러분이 이런 단어들을 들을 때 여러분은 단순히 그 단어를 따라함으로써
그 말에 도전할 수 있습니다. '항상?', '모두?', '결코?'

그것은 무슨 의미입니까?

이 질문은 한 사람의 생각을 명료화하는 것에 매우 유용할 뿐만 아니라
더 추상적인 개념들에 대하여 이야기할 때 그 사람의 신념에 도전하기 위
해서도 사용될 수 있습니다. 예를 들어, 사람들은 종종 우울증을 '가지고
있다' 또는 공포가 어디든 '따라다닌다'는 사실에 대하여 이야기할 것입
니다. 이것과 같은 왜곡은 매우 흔합니다. 왜냐하면 사람들은 이것이 실
제로 일어나는 것이라고 느끼기 때문입니다. 사람들에게 그들이 의미하
는 것을 명료하게 설명해 달라고 요청하면 그들은 보통 그 문제를 더 과
정 중심적인 용어들로 다시 이야기할 것입니다. 그들은 아마도 우울하
게 '느낀다' 또는 그들은 '공포스럽다'고 말할 것입니다. 만약 문제를 그
들이 하는 무엇인가로 표현한다면 그들은 그 대신 다르게 행동할 능력을
가지고 있는 것입니다.

누구와 비교해서? 무엇과 비교해서?

사람들이 그들 자신을 한정시키려고 하는 것들 중 한 가지는 그들 자신
을 다른 사람들과 관련하여 평가하는 것입니다. 그들은 "나는 이것을 잘
하지 못해요"라고 말하고 여러분이 "누구와 비교했을 때요?"라고 물어
보면 그들이 유용하지 않은 불공평한 비교를 하고 있다는 것을 볼 수 있
게 해 줍니다. 만약 여러분이 골프를 잘 치지 못한다고 생각해서 기분이
나쁘고 제가 "누구와 비교했을 때요?"라고 물어보면 여러분은 프로골퍼

누군가와 여러분 자신을 비교할 가능성이 높습니다. 일단 여러분이 이것을 확인하고 나면 그것이 사실 불공평한 비교였다는 것을 이해하는 것은 쉽습니다.

예를 들어, 나의 많은 여자 친구들은 그들 자신을 잡지에서 본 가장 예쁘고 가장 날씬한 모델들 또는 도시에서 그들이 마주칠 수 있는 가장 예쁜 여자들과 비교하고는 자신을 기분 나쁘게 만듭니다.

인간으로서 우리는 종종 우리의 결점들에 집중하며 우리 자신을 다른 사람들과 비교합니다. 낮은 자존감은 다른 사람과 비교한 나쁜 감정의 결과이지요. 이러한 비교에 도전함으로써 우리는 모두 장점과 단점을 가지고 있다는 것을 깨닫고, 우리는 모두 유일하기 때문에 우리가 할 수 있는 타당한 비교는 오직 현재의 자신과 과거의 자신임을 깨닫습니다. 그리하여 우리는 자신의 모습에 대하여 기분 나쁠 필요가 없습니다.

조는 이 이야기에 정말로 공감했다. 그는 과거에 지속적으로 별로 똑똑하지 않다고 그 자신에게 이야기했으며, 더 이상 그런 말을 자주하지는 않지만 여전히 몇몇 사회적인 상황 속에서는 나쁜 기분을 느끼고 있었다. 그는 이 문제에 대해 깊이 생각하면서 그가 여전히 그 자신을 주위의 사람들과 비교하고 있다는 것을 깨달았다.

당신이 어떻게 알지요?

가장 해로운 신념 중 하나는 사람들이 다른 사람이 무엇을 생각하는지, 또는 미래에 무슨 일이 일어날 것인지를 안다고 믿을 때입니다. 그들은 누군가가 그들을 좋아하지 않는다거나 무엇인가가 성공적이지 않을 것이라고 생각하고, 이는 그들에게 많은 문제를 발생시킬 것입니다.

이러한 신념에 도전할 수 있는 좋은 질문은 "당신이 어떻게 알지요?"

입니다. 이 질문은 그들이 어떻게 그 결론에 도달하게 되었는지를 설명하게 만듭니다. 그들이 설명할 때, 자신의 신념이 잘못된 가정에 기초하고 있다는 것이 명백해질 것입니다.

예를 들어, 여러분이 누군가가 여러분을 좋아하지 않는다고 믿고 제가 여러분들에게 "당신이 어떻게 알지요?"라고 물어봤다고 상상해 보십시오. 당신의 대답은 아마도 그들이 파티에서 인사를 하지 않았다는 것일 것입니다. 하지만 그들이 인사를 하지 않은 데에는 많은 이유들이 있을 수 있습니다. 이것은 효과적으로 여러분의 결론에 도전합니다.

저는 여러분에게 "그래서 누군가가 파티에서 당신에게 인사하지 않을 때마다 매번 그들이 당신을 좋아하지 않아서인가요?"라고 물어볼 수 있습니다.

제가 '매번'이라는 일반화를 사용하는 것을 인지하세요. 그러면 만약 여러분이 실제로 "네"라고 대답한다면 저는 여러분에게 어떻게 도전할 수 있을까요?

"매번이요?" 청중들 중 누군가가 물어보았다.

정확해요! 여러분이 이제 익숙해지시는 것 같군요. 훌륭해요.

또 다른 예는 여러분이 저에게 여러분은 절대로 운전면허 시험을 통과할 수 없을 것이라고 말하는 것이 될 수 있습니다. 또 다시 만약 제가 여러분에게 물어본다면, "당신이 어떻게 알죠?" 기껏해야 여러분은 미래에 일어날 일에 대한 증거로서 과거에 있었던 일을 지목할 것입니다. 물론 과거는 미래와 같지 않습니다. 그러니 또 다시 여러분의 신념은 도전받을 것입니다.

"당신이 어떻게 알죠?"는 사람들로 하여금 그들의 결론에 도달하는데 사용된 논리를 시험하고 그러한 논리 안에 내재된 오류에 관심을 기울일 수 있도록 합니다.

무엇이 당신을 멈추게 하나요? 만약에 당신이 할 수 있다면 어떻게 될까요?

여러분이 누군가가 "나는 할 수 없어…." 또는 "나는 가능하지 않아…." 라고 말하는 것을 듣는다면, 이 두 가지 질문이 그 한계에 도전하게 해줍니다.

"무엇이 당신을 막습니까?"라는 질문은 어떤 장애물이 당신이 현재 있는 곳과 당신이 가고 싶은 곳 사이에 놓여 있는지를 알 수 있게 합니다. 그것은 당신이 원하는 것을 얻기 위해 직면해야 한다고 생각하는 어려운 점들을 찾을 수 있게 해 줍니다. 일단 그 어려운 점들이 명확해지면 무엇을 해야 하는지 아는 것이 더 쉬워집니다. 때때로 그 어려운 점들은 자원이거나 당신이 얻어야 하는 특정한 지식일 수도 있고, 다른 경우에는 성공을 위해서 당신이 바꾸어야 하는 신념과 관련된 것일 수도 있습니다.

"만약 당신이 할 수 있는 능력이 있다면 어떻게 될까요?"라는 질문은 당신 자신이 그 모든 장애물들을 극복하고 목표를 달성하는 것을 상상해 보도록 합니다. 이것은 당신에게 그것이 가능하다는 감각을 줍니다. 함께 사용될 때, 이 질문들은 매우 강력합니다.

예를 들어, 저는 학생들과 소통할 수 없다고 말하는 한 교사와 작업 한 적이 있습니다. 제가 "무엇이 당신을 멈추게 합니까?"라고 물었을 때, 학생들이 그녀의 이야기를 듣지 않고, 그녀는 그들에게 존경받지 못하며, 그들은 수업 중에노 전화기를 켜 놓는다고 말하였습니다. 제가 그녀에게 그 세 가지 문제를 해결하는 것이 분명히 그녀가 학생들과 소통할 수 있게 할 것인지를 물었고 그녀는 그럴 것이라고 동의했습니다. 그렇게 그녀는 할 수 있는 일을 세 가지나 알게 되었습니다. 조금 더 도움을 주기

위해 저는 "만약 당신이 학생들과 통할 수 있는 능력이 있다면 어떻게 될
까요?"라고 물었고 그녀는 즉시 자세를 고치고 앉아서 그녀가 얼마나 기
쁠지 그리고 그들이 발전해 나가고 수업을 즐기는 것을 그녀가 보게 될
것에 대하여 설명하였습니다. 이것은 한동안 힘없게 느끼게 했던 그녀의
태도에 놀라운 차이를 만들었습니다.

멈췄다면 어떻게 될까요? 멈추지 않았다면 어떻게 될까요?

마지막으로 의사결정이 필요할 때, 이 두 질문들은 가능한 세상을 이끌
도록 열어 줌으로써 엄청나게 도움을 줄 수 있습니다. 누군가가 그들이
무언가를 반드시 해야 한다고 생각할 때, 그들은 보통 만약 그 일을 하거
나 하지 않았을 때, 어떤 일이 생기거나 생기지 않을 것이라는 신념에 사
로잡히게 됩니다. 그러한 신념을 열어 두세요. 왜냐하면 대부분의 경우
그 신념이 진짜 문제이며 그에 도전하므로 그 사람은 최선의 결정을 내
릴 수 있도록 도와줄 테니까요.

예를 들어, 저는 자신의 직업을 싫어함에도 불구하고 같은 직업을 '반
드시' 유지해야 한다고 느끼는 내담자를 만났습니다. 저는 그녀에게 이
질문들을 물어보았고 그녀는 그녀의 의식 밖에 있음에도 불구하고 많은
압력을 가했던 지도의 부분들을 탐색할 수 있었습니다. 그 후에 그녀는
더 많은 이해와 마음의 평화를 가지고 그녀의 선택들을 살펴볼 수 있었
고 자신이 좋아하는 것을 찾는 것이 더 쉬워졌다고 느꼈습니다.

조는 플립차트를 올려다보았다. 이것들은 정말로 설득력이 있었다. 그
는 놀라움으로 얼어붙었다. 그의 생각과 의사소통 둘 다를 발전시키기
위해 사용될 수 있는 너무도 많은 질문들이 있었다. 그는 수첩에 옮겨 적
은 질문들 옆에 큰 느낌표를 붙였다.

앨런이 이야기를 계속하였다.

제가 적은 이 질문들은 정보를 세분화하고 명확히 하기 위해 사용할 뿐만 아니라, 사람들이 자신의 신념과 지각을 바꾸고 그들의 세상에 대한 모델을 열도록 도움을 주기 위해 사용할 수 있습니다. 그리고 여러분이 알아차리듯이 이 질문들은 매우 단순하고 일상 대화에서 쓰입니다. 아무도 이해할 수 없는 거창한 질문들을 물어보는 것이 아니라, 올바른 순간에 올바른 질문을 제기하는 것입니다. 그리고 그 기술은 물론 연습이 필요합니다. 그러니 이제 여러분들이 시도해 보실 시간입니다.

제가 여러분에게 바라는 것은 짝을 만들어서 번갈아 가며 각자 상대방이 가지고 있는 문제를 작업해 보는 것입니다. 질문들을 사용하면서 여러분은 그 문제의 중심에 매우 빠르게 들어가는 것을 느낄 것이며, 그것은 사람들이 문제에 대하여 생각하는 방식을 바꿀 수 있도록 도울 것입니다.

조언 한마디 하겠습니다. 이 질문들은 매우 사적이고 직접적입니다. 라포를 형성하고 유지하는 것을 기억하세요. 그렇지 않으면 여러분이 얻을 유일한 응답은 무서운 표정뿐입니다. 이제 이해되셨나요?

좋아요. 이제 가서서 연습하세요. 서로에게 다정히 하시고요. 리처드가 30분 안에 여기에 올 것이고, 그는 언어에 대한 개인적인 통찰을 여러분과 공유할 것입니다.

조와 에밀리는 서로 힐끗 보았고 함께 작업하기로 하였다.

"좋아요! 무엇을 도와드릴까요, 에밀리?" 조가 미소와 함께 시작하였다.

에밀리는 대답하기까지 오랫동안 망설였다. "제가 기분 나쁘게 느끼는 일이 있는데 누구에게도 말할 수 없어요. 하지만 그것은 제 삶을 망치고 있어요."

이것은 심각하게 들렸다! 조는 어디서부터 시작해야 할지 몰랐다. 그는 어떻게 이 문제가 에밀리의 모든 삶을 망칠 수 있는지 궁금했다. 그는 그녀의 일반화에 도전하는 질문을 사용하기로 하였다.

"'너의 삶을 망친다'는 것은 어떤 의미이니? 네 삶의 모든 부분이 이 문제와 연결되어 있니? 그 결과 너의 삶 전체가 불행하니? 그것이 너의 건강에도 영향을 미치는 것이니?"

"아뇨…. 제 말은 그것이 저에게 정말 어려운 문제라는 거예요. 저는 아무에게도 말할 수 없어요."

"음, 만약 네가 상황을 바꿀 수 있다면 어떻게 될까?"

에밀리는 질문에 대하여 생각해 보았다. "음, 아마도 저는 기분이 나아지겠죠…. 그리고 상황이 괜찮아지겠죠."

조는 문제가 무엇인지 물어보고 싶었지만 그는 에밀리가 좋은 상태가 아니며 그녀와 더 많은 라포를 형성하여서 우선 그녀를 더 편안하게 만들 필요가 있다는 것을 깨달았다. 그래서 그는 그녀의 호흡과 속도를 맞추고 더 부드러운 톤으로 그녀가 사용하는 청각적인 용어들과 맞추었다.

"괜찮아, 에밀리. 나에게 말하지 않아도 괜찮아. 그런데 만약 네가 괜찮다면 내가 몇몇 질문을 더 시도해 봐도 될까? 알 수 없는 거잖아. 내가 어쩌면 도움이 될 수도 있잖아."

에밀리는 웃었고 조금은 더 편하게 느꼈다. "좋아요, 조. 비록 저는 이것이 어떻게 큰 변화를 만들어 낼 수 있을지 모르겠지만요. 우리 그냥 시도해 보고 이것이 우리를 어디로 데리고 가는지 보아요."

조는 이번에는 그녀가 '보다(see)'라는 단어를 사용한 것을 알아차리고 그녀의 시각적 선호에 맞추기로 하였다.

"훌륭해. 좋아, 그러면 우리가 함께 이 문제에 대한 새로운 관점을 가질 수 있는지 보자. 무엇이 다른 사람들에게 말하는 것을 못하게 하니, 에밀리?"

에밀리는 잠시 멈추었다. 그녀는 얼굴을 찌푸리고 호흡을 참았다. "저는 제가 그들을 실망시킬 것처럼 느껴져요."

조는 그녀의 말이 애매하며 '그들'이 누구인지 명확하지 않다는 것을 알아차렸다. 그는 좀 더 분명히 하기 원했다.

"네가 그들을 실망시킬 것처럼 느껴지는 것이지? 구체적으로 누구를 실망시키니?"

에밀리는 테레사를 바라보았고 다시 조를 보았다.

조는 그것을 눈치 챘다. "테레사니, 에밀리? 너는 엄마에게 말하는 것을 두려워하고 있니?"

에밀리는 불안하게 그를 바라보았고 천천히 고개를 끄덕였다.

조는 에밀리가 이미 테레사가 어떻게 반응할지를 알고 있는 것처럼 느낀다는 것을 알아차렸다. 그는 이 가정에 도전하기로 하였다. "너는 테레사가 실망할 것이라는 것을 어떻게 아니, 에밀리?"

"저는 그냥… 음, 저는 그냥 걱정이 돼요…."

"너는 걱정이 되는구나. 너는 엄마가 너를 사랑한다고 생각하니, 에밀리?"

에밀리는 끄덕였다.

"너는 정말로 엄마가 너 때문에 실망할거라고 생각하니, 아니면 어쩌면 이해해 줄 수도 있다고 생각하니?

"저는 그녀를 실망시키고 싶지 않아요. 만약 그녀가 제가⋯ 음⋯ 제가 스스로 버텨내지 못한다는 것을 알게 되면⋯ 학교에 약한 아이들을 괴롭히는 아이가 있어요. 그녀는⋯ 그녀는 제 삶을 지옥으로 만들어요."

에밀리는 조를 유심히 바라보면서 감정이 고조되었고 그의 반응을 기다렸다.

조는 여기서부터는 어떻게 해야 할지 확실하지 않아 잠시 동안 멈추었다. 그는 에밀리가 더 많은 선택이 있음을 보고 엄마가 문제가 아닌 해결의 한 부분이 될 수 있다는 것을 보도록 돕고 싶었다. 그는 도움이 될 수 있는 질문 한 가지를 생각해냈다. "만약 네가 엄마에게 딸이 엄마의 도움이 필요하다는 것을 알 수 있는 기회를 준다면 어떻게 될까?"

그가 말을 하면서 조는 에밀리가 가진 문제가 테레사가 오전에 그에게 이야기해 준 것과 매우 비슷한 것이라는 것을 알게 되었다. 그에게는 엄마와 딸이 비슷한 문제로 고통받고 있는 것처럼 보였다. 에밀리가 괴롭힘을 당하는 동안, 테레사는 공격적인 사람을 다루는 것이 어렵다고 느끼고 있었다.

조는 메타모델 질문이 에밀리가 문제를 정리해 가는 데 도움이 된다는 것에 확신이 들었다. 하지만 아직 끝나지 않았다. 그가 탐험해 보고 싶은 한 가지가 더 있었다.

"에밀리, 너를 괴롭히는 아이가 너의 삶을 지옥으로 만든다고 말했는데, 그것이 어떤 의미이니?"

에밀리는 잠시 멈춘 후 말하였다. "음, 그녀는 나를 다른 사람들 앞에서 놀려요. 그리고 저에게 소리를 지르고 욕을 해요. 저는 바보예요."

조는 에밀리가 믿을 만한 출처로부터 정보를 받는 것이 아님을 알 수 있었다.

"누가 그렇게 말했니?" 그가 물었다.

"저를 괴롭히는 아이가요." 그녀가 답했다.

"누구와 비교했을 때 바보인거니, 에밀리? 너를 괴롭히는 아이와 비교했을 때?"

작은 미소가 에밀리의 얼굴에 나타났다. "아니요, 사실, 저를 괴롭히는 아이는 저보다 훨씬 더 바보예요." 그녀는 킥킥거리며 웃었다.

조도 그녀에게 웃어 주었다. "그러면 만약 그녀가 그렇게 말하면 너는 정말 바보인거니?"

에밀리는 올려다보면서 머리를 흔들었다.

조는 계속 이야기하였다. "다음번에 그 아이가 너에게 다가오면 그녀를 안쓰럽게 생각하렴. 그녀는 아마도 그녀 자신이 바보 같다고 느끼기 때문에 너를 공격할 거야."

그들의 대화가 끝날 때쯤, 에밀리는 그녀의 문제에 대하여 훨씬 마음이 좋아졌고 무슨 일이 일어나고 있는지를 엄마에게 말할 때라고 결정했다.

그녀는 눈가를 닦고 조를 향해 웃었다. 마치 무거운 짐이 어깨에서 사라진 것처럼 보였다.

조는 몇몇 질문이 사람들로 하여금 상황들을 다른 관점으로 볼 수 있도록 돕는 데 얼마나 강력한지에 대하여 행복감을 느꼈다. 그는 메타모델을 공부하고 그것을 개인적이고 직업적 삶에 어떻게 적용할 수 있는지를 이해하는 데 더 많은 시간을 보내야겠다고 결정했다.

다음은 에밀리가 조에게 메타모델 질문을 연습할 시간이었다.

"조, 제가 질문을 하는 데 조금 시간이 걸릴 수도 있어요. 이런 속담도 있잖아요. 가는 길이 분명하지 않으면 서두르지 말고 침착해라."

조는 고개를 끄덕이면서 웃었고 에밀리 앞에 맥주 한 컵이 놓여 있는 것을 상상했다.

"어쨌든, 당신에게는 어떤 일이 있나요, 조?"

그는 한숨을 쉬었다. 그를 정말로 힘들게 했던 것에 대해서 말할 시간이었다.

"나는 좋은 남자친구가 되는 면에서는 최악이야."

"'최악'이라는 것이 무슨 의미인가요?" 에밀리가 물었다.

"음, 왜냐하면 나는 그녀를 화나게 만들어."

"항상요?" 에밀리가 계속하였다.

"항상은 아니지, 아니야."

에밀리가 말했다. "음, 어디 보죠, 구체적으로 어떻게 그녀를 화나게 하세요?"

"나는, 음, 나도 잘 모르겠어. 그녀가 화가 나있을 때 나는 항상 틀린 말을 해."

"아, 말은 아낄수록 현명하다."

"뭐라고?"

"아, 아니에요. 그냥 농담이에요." 에밀리가 계속 이야기했다. "그러면 당신은 매번 틀린 말을 하는 거예요?"

"음, 아니…. 하지만 가끔 나는 옳은 말을 하지 못하는 것 같아!"

"무엇이 당신이 그것을 할 수 없게 막나요?"

"모르겠어. 나는 그녀에게 내가 무엇이 문제인지를 물어보는 데 많은 시간을 보내는 것 같아."

조는 잠시 멈추어서 그가 방금 말한 것에 대해서 생각했다. 이것은 그에게 큰 통찰이었다. 그는 사실 그 질문을 함으로써 그리고 그 자신에게 초점을 맞춤으로써 상황을 더 안 좋게 만든다는 것을 깨달았다.

에밀리가 계속하였다. "조, 만약에 그것이 당신과 관련이 있는지를 물어보는 대신에 당신이 그 순간에 그녀가 필요로 하는 것에 초점을 맞추면 어떻게 될까요?"

"그렇게 한다면, 내가 실제로 그녀에게 도움이 될 수 있을 것 같아."

"당신은 미래에 구체적으로 그것을 어떻게 할 수 있을까요?"

조는 잠시 멈추었다. "내가 그녀를 기분 좋게 만들기 위해 할 수 있는 일이 많이 있어. 난 이제 이에 대해 훨씬 기분이 좋아졌어. 너는 정말 너의 엄마의 딸이구나, 그렇지? 정말 놀라웠어, 에밀리?"

에밀리는 얼굴을 붉히며 밝게 웃었다.

그 순간에 리처드가 무대로 돌아왔고 앨런에게 감사를 전했다.

여러분이 서로 메타모델링을 연습하는 동안 저는 방을 살금살금 돌아다니며 몇몇 훌륭한 예시들을 들었습니다.

사람들이 항상 가장 유용한 질문들을 물어보는 것은 아닙니다. 예를 들어, 만약 누군가가 와서 "저는 우울해요"라고 말한다면 그들은 종종 "왜?"라고 물어봅니다. 저와 함께 트레이닝을 한 사람들은 그 질문을 하지 않습니다. 왜 그런지 아시나요? 왜냐하면 우리는 그 답을 알고 싶지 않기 때문입니다. 우리는 그들이 무엇 때문에 우울한지에 대하여 관심 없고 어떻게 자신을 우울하게 만드는지에 관심 없습니다. 이것은 우리가 동정심이 없어서가 아니라 다른 사람들을 어떻게 같은 일에 대해서 같은 방법으로 우울하게 만들 수 있는지에 대한 전략을 찾을 수 있게 하기 때문이고, 우리는 마음속에 완전히 다른 목표를 가지고 있기 때문입니다.

저는 그러한 사람들에게 항상 말합니다. "당신이 우울한지 당신은 어떻게 아나요? 어쩌면 아닐 수도 있어요."

그러면 그들은 저를 바라보며 "저는 분명히 우울해요"라고 말합니다.

"당신은 잘 때도 우울한가요?"

"음…. 잘 모르겠어요."

그러면 저는 설명합니다. "그러면 당신은 아마도 우울하지 않을 거예요. 그럼, 당신이 우울하지 않은 때도 있나요?

그리고 보통 그들은 과거를 되돌아본 후 말합니다. "음, 제가 행복했던 때가 있었어요. 하지만 지금 그때를 생각해 보면… 잘 모르겠어요."

이것은 과거의 무엇이든지 그들이 왜곡할 수 있다는 것을 의미합니다. 문제는 그들이 미래를 바라볼 때도 같은 행동을 한다는 것입니다. 저의 방침은 간단합니다. 과거에서 제일 좋은 점은 그것이 끝났다는 것입니다.

저에게 문제가 여러분의 문제는 아닙니다. 중요한 것은 그에 대한 여러분의 생각하는 실제 방법입니다.

버지니아는 사람들에게 그들이 왜 수줍은지를 결코 묻지 않았습니다. 왜냐하면 이유를 묻는 것은 단지 사람들을 그들의 지도 안에 머무르게 하고 그것이 애초에 일을 망치게 한 이유이니까요. 대신에 "만약 당신이 그렇게 하지 않았다면 무슨 일이 생겼을까요?"와 같은 질문은 사람을 그들의 지도의 가장자리로 데리고 가서 새로운 가능성들을 열어 줍니다.

버지니아와 밀턴은 모든 사람은 변할 수 있다고 믿었습니다. 그들은 저 또한 그렇듯이 결코 포기하지 않았습니다. 문제는 사람들이 온갖 종류의 신념을 가지고 있고 그 신념들은 그 무엇보다도 강하고 실제적이라는 것입니다. 그것은 사람들이 행동할 수 있는 새로운 방식을 가로 막습니다. 핵심은 이것입니다. 만약 여러분이 사람은 변화할 수 있다고 굳게 믿는다면, 여러분은 그 사람이 그 신념에 함께 참여하도록 만들 수 있습니다. 그리고 그들은 실제로 변화할 것입니다.

이제, 언어에 대해서 짧게 이야기하지요. 사방에 언어의 오용에 대한 예시들이 있습니다. 저는 언젠가 밖에 이러한 표지판이 있는 곳을 보았습니다. '성적 기능 장애를 위한 센터' 저는 미국을 운전해서 돌아다니면서 생각합니다. 이 사람들은 언어가 어떻게 작동하는지에 대해서 아무것도 모르는군. '한 시간 고통 치료소' 저는 이미 그런 것이 충분이 많이 퍼져 있다고 생각합니다.

저는 그들이 '음주 상담사' 또는 '만성 고통에 대한 의료 전문가'라고 말하는 사람들에게서 명함을 받고, 그런 것에는 전문가가 필요 없다고 생각합니다. 세상에는 그 자체로 충분한 고통이 있습니다. 저는 여러분이 사람들을 기분 좋게 만들어 주고 통제감을 갖게 하는 데 전문가가 되어야 한다고 생각합니다. 왜냐하면 만약 여러분이 종이에 손을 베이고 그것을 보기 전까지 고통을 느끼지 못한다면, 그것은 볼 가치가 없는 것이기 때문입니다.

그리고 제가 싫어하는 단어요? 그것은 '장애를 가진 사람'입니다. 여러분은 모르겠지만 저는 이 말에 매우 화가 납니다. 저에게 있어 다른 사람들이 배우는 것과 같은 방식으로 배우지 않는 두뇌를 가지고 태어난 사람은 장애를 가진 사람이 아닙니다. 그들은 불편한 사람들입니다. 왜냐하면 우리가 가지고 있는 것은 학습장애가 아니라 교육장애이기 때문입니다. 제가 심리학자들을 힘들게 한다는 것을 알고 있습니다. 교사들 역시 힘들게 한다는 것을 알고 있습니다. 하지만 그것은 그들의 잘못이 아닙니다. 교사들이 아이들을 가르치는 최고의 방법을 배우지 못한 것은 교사들의 잘못이 아닙니다. 그들은 학교에 가지만 그 누구도 그들에게 가르치는 방법에 대해서는 가르쳐 주지 않습니다. 그러니 사람들은 장애를 가지고 있지 않습니다. 그들은 단지 불편할 뿐입니다. 그리고 그들은 단지 우리가 이 세상을 한 가지 특정한 방법으로 구조화했기 때문에 불편한 것입니다.

이제 마무리해야 하는 이번 워크숍 끝에서 여러분이 꼭 기억할 것은 여러분 자신을 믿어야 한다는 것입니다. 만약 여러분이 올바른 상태에 들어가 있다면, 상황을 어떻게 해결할지에 대한 대답은 저절로 올 것입니다.

여러분은 단지 사람들의 이야기를 들어야 합니다. 사람들은 은유적으로만 이야기하지 않습니다. 만약 여러분이 그들의 이야기를 제대로 듣는다면, 그들은 여러분이 아셔야 할 것을 정확히 말해 줄 것입니다.

하지만 만약 여러분이 "왜 망치셨나요?"와 같은 질문을 한다면, 그들은 이유를 말할 것이고, 그것은 그들이 자신의 상자 밖을 보는 것에 도움을 주지 못할 것입니다. 메타모델의 아름다움은 영토라고 알려진 곳을 넘어서 항해해 갈 수 있는 지도를 여러분에게 준다는 것입니다.

이제 여기를 떠나면 여러분에게 생길 일이 하나 있습니다. 여러분은 항상 그곳에 있었던 것들을 이제 듣기 시작할 것입니다. 사람들은 여러분에게 "음, 저는 제 자신에게 이 일이 잘되지 않을 것이라고 계속해서 이야기하였고, 그것이 저를 비관적으로 만들었어요." 같은 이야기를 할 것입니다. 그리고 여러분은 그들을 바라보며 "이제, 당신에게 그것이 잘

되지 않을 것이라고 이야기하는 목소리를 믿을 만하지 않게 만드세요."
라고 말할 것입니다. 또는 메타모델 질문들을 통하여 그들의 이야기에
도전할 수 있게 될 것입니다.

이것은 여러분이 가고 싶은 곳에 가는 방법을 알아내는 것이고 더 중
요하게는 갈 가치가 있는 곳에 가기를 원하는 것입니다.

제가 40년의 역사를 통해 도달한 곳에 여러분이 그 길을 40년 걸려서
반복하기를 원하지 않습니다. 저는 여러분이 단숨에 그곳으로 도약하고
계속 나아가기를 바랍니다. 그것이 저에게는 훨씬 더 가치가 있어요. 그
리고 만약 여러분이 걱정을 하거나 불안하게 느껴진다면, 저는 여러분이
걱정거리를 매우 웃기다고 생각하길 바랍니다.

리즈, 어디 계시나요?

리즈가 손을 들었다.

저는 당신이 모든 문제들에 대해서 생각해 보기를 원해요. 지금 그 문제
들에 대해서 생각해 보세요.

청중들은 조용해졌고 모두가 리즈 쪽으로 돌아보았다. 그리고 그녀는
큰 소리로 웃고 있었다.

이것은 단지 그 순간만 여러분을 기분 좋게 만드는 것이 아닙니다. 그 변
화는 지속됩니다. 깊이 생각해 볼 거지요. 이제 짧은 휴식시간을 가시
고 저는 이 세미나의 마지막을 위해 20분 후 돌아오겠습니다.

조는 밖에 산책을 하러 나갔고 배운 것을 정리할 기회를 즐겼다. 생각

할 것이 많았고 배운 것을 실제 세상에서 적용하는 것이 매우 중요함을 알았다.

이후 세미나실로 돌아오는 길에 그는 리즈와 마주쳤다. "무대 위에 올라가신 것 잘 하셨어요." 그가 말했다.

"감사합니다." 리즈가 웃었다. "제가 얼마나 편안하게 느끼는지 정말 놀라워요. 집과 교실로 돌아가서 심각하게 다시 생각해 보는 게 너무 기다려져요."

조는 웃었다.

리즈가 이야기를 계속했다. "워크숍을 잘 즐기고 계시나요?

"훌륭해요. 리처드는 아주 재미있는 사람이고 메타모델 내용인 언어가 이토록 강력한 것이라는 것이 정말 놀라워요."

그들은 커피 테이블로 가면서 대화를 나누었고 조는 리즈가 아침보다 훨씬 더 편안해 보인다는 것을 알 수 있었다.

"변화가 이토록 극적일 수 있다는 것이 대단하지요, 그렇죠?" 그가 말하였다.

리즈가 고개를 끄덕였다. "네. 솔직히 저도 믿을 수가 없어요. 저는 정말 스트레스를 잘 받아요. 하지만 제가 감정을 돌리기 시작하면, 쉽게 더 가볍게 느껴지기 시작해요. 제 말이 무슨 뜻인지 이해하시나요?

조는 격려하듯이 고개를 끄덕였다.

"그리고 단지 그것 한 번 한 것이 저에게 다른 것도 바꿀 수 있다는 확신을 주어요. 저는 제 안에 그런 확신이 있다는 것을 알고 만약 제가 저를 스트레스 받게 했던 것에 대해 생각하면, 이제 저는 그냥…." 리즈는 킥킥거리며 웃기 시작했고 곧바로 조 또한 더 가볍게 느껴졌다. 그는 기뻤다.

몇 분 동안 리즈와 대화를 나눈 후에 그는 그의 자리로 돌아갔다. 음악이 시작되었고 리처드가 무대 위에 나타났다.

THE ULTIMATE INTRODUCTION TO NLP

제5장

훌륭한 삶을 창조하는 방법

흔히 사람들은 가장 중요한 문제를 문제로 여기지 않습니다. 가장 큰 문제는 사람들이 가장 중요하지 않은 문제에 너무 많은 시간을 허비하고, 그 문제가 해소되었을 때 또 다른 쓸데없는 것으로 시간을 허비하기 시작한다는 것입니다. 그 대신 저는 그들이 미래를 들여다보고, 그 미래를 훌륭한 느낌들로 채우기를 원합니다.

수년간 저는 사람들에게 한계를 받아들이지 말라고 설득할 목적으로 여러 가지 일을 해 보았습니다. 계속해서 저는 시범을 보여 주어야 했습니다. 보세요, 문제를 해결한다는 것은 싸워서 되는 것이 아닙니다. 만약 여러분이 금연을 계획한다면 할 수 있는 최악의 것은 욕구에 저항하는 것입니다. 여러분은 자신에게 말합니다. "담배를 피우지 마라. 담배를 원하지 마라. 담배에 대해 생각하지 마라." 하지만 그런 방식으로는 여러분이 생각하는 것은 담배, 담배, 담배뿐입니다.

누군가에게 무엇인가에 대해 생각하지 말라고 이야기할 때, 그들의 두뇌는 반드시 생각하지 말라는 것을 먼저 그려 보고, 그 후에 무효화해야 합니다. 문제는 이 시점에서 그들은 이미 잘못된 방향으로 향하게 된다는 것입니다.

그 대신 여러분이 해야 하는 것은 갈망의 감각을 알아차리는 것입니다. 그 후 여러분들은 그 감각을 켜서 그 감정을 올바른 방향으로 향하게 합니다. 저는 말 그대로 너무 많은 초콜릿을 먹어서 죽어가는 사람들과 작업을 한 적이 있습니다. 그들의 간은 그 많은 초콜릿 때문에 망가져 가고 있었습니다. 그래서 저는 초콜릿을 의자 위에 올려놓고 그들에게 의자를 바라보고 초콜릿이 그들보다 더 많은 의지(willpower)를 가지고 있음을 깨닫게 하였습니다. "저것을 보세요." 제가 말했습니다. "이것은 여러분보다 더 똑똑하고 여러분보다 더 많은 끈기를 가지고 있으며 이것은 이것의 행동에 통제권을 가지고 있습니다, 초콜릿은 포장지를 그대로 둔 채로 있을 수 있습니다. 당신들은 할 수 없습니다."

"음." 그들이 대답했습니다. "제가 바보처럼 느껴지는군요."

"하지만 충분히 바보스럽지는 않지요."

"뭐라고요?"

"그 바보스럽다는 느낌을 가지고 이제 그것을 뒤집어 보세요. 왜냐하면 여러분이 바보 같다는 느낌을 더 돌릴수록 당신은 더 빨리 어리석다는 지점에 도달할 거예요." 그리고 나서 그것을 볼 때 여러분은 웃기 시작할 거예요. 여러분의 욕구와 싸우는 것을 통해서가 아니라, 그 욕구를 진정 여러분이 필요한 곳에 목표를 맞추는 것을 통해서 여러분이 더 똑똑해지는 것입니다. 왜냐하면 욕구가 나쁜 것이 아니라 그 욕구가 초콜릿에 맞추어져 있다는 사실이 나쁜 거지요.

같은 욕구의 느낌을 미래로 향하게 하고, 더 좋은 건강을 바라고, 더 나은 성공을 바라고, 주위 사람들에게 더 친절해지는 것을 바란다면, 그러면 여러분은 발전할 것입니다. 왜냐하면 만약 여러분이 행복, 즐거움, 흥분과 같은 모든 것들을 흔들어 깨운다면 제가 말했듯이, 여러분 주위의 사람들 또한 무슨 일이 일어났는지도 모르는 채 또한 그것을 하게 될 것이기 때문입니다.

이것은 조에게 큰 깨달음이었다. 그는 사람들과 있을 때 수줍음을 느끼는 것을 **멈추기** 위해서 너무나도 노력해 왔었다. 그는 또한 여자 친구와의 관계에서 좌절하지 않는 것에 많은 집중을 해 왔다. 그 대신 그는 얼마나 재미있고 자신감 있기를 원하는지 그리고 그녀에 대해 사랑하는 것이 무엇인지에 초점을 맞추기로 결심하였다. 그것은 단순한 방향의 전환이었지만 그는 그것이 상당한 차이를 만들어 낼 것이라고 확신했다.

리처드가 이야기를 계속하였다.

저에게는 여러분이 문제를 극복하는 것으로는 충분하지 않습니다. 저는 여러분이 문제를 새로운 방향으로 데리고 갈 수 있는 새로운 행동과 사고로 대체할 수 있는 방법을 찾길 바랍니다. 저는 여러분이 놀라울 만큼 훌륭한 미래를 건설하고, 그것을 온갖 좋은 느낌들로 디자인하는 것을 보고 싶습니다.

그리고 시작하기 전에 저는 자원자 한 분이 필요합니다. 나머지 인생을 특정한 이유 없이 정말로 기분 좋게 느끼기 원하시는 분 누구 있으세요?

많은 손들이 올라 왔다. 리처드는 조가 이전에 함께 작업을 했던 여배우인 캐롤라인을 뽑았다. 그녀는 무대 위로 올라가서 앉았다. 리처드는 그녀의 이름을 물은 뒤 말했다.

캐롤라인, 당신은 우스꽝스러울 정도로 기분이 좋은 것을 원하죠, 맞죠?

캐롤라인은 고개를 끄덕이며 웃었다.

그렇게 하기 위해서는 당신은 저에게 무엇인가를 이야기해 주어야 해요. 당신이 미래에 대해서 생각할 때, 이미지는 어디에 위치하나요? 내년에 대해서 생각할 때, 그 이미지가 어디에서 보이나요? 그것은 당신 앞에 있나요? 당신 오른쪽 또는 왼쪽? 당신 뒤인가요?

그리고 당신이 과거에 대해서 생각할 때, 이미지가 어디에 위치하나요? 예를 들어 1년 전을 생각해 보세요. 그 이미지가 어디에서 보이나요?

잠시 후에, 캐롤라인은 그녀 앞쪽을 오른손으로 가리켰고, 왼손으로 그녀 뒤를 가리켰다. "미래는 저기 앞쪽에 있는 것 같고 과거는 제 뒤쪽에 있는 듯 보여요."

좋아요. 이것이 당신이 마음으로 시간을 정리하는 한 가지 특정한 방법이에요.

당신이 과거부터 미래까지 상상의 선을 그리면 그것이 당신의 시간선이라고 불리는 것이에요.

과거가 당신의 왼쪽 앞에 있다는 것은 당신이 그것에 접근하기 쉽다는 것을 의미해요. 당신 뒤에 있다는 것은 당신이 그것을 잊기 쉽다는 것을 의미합니다. 예를 들어, 당신이 배운 교훈은 당신 앞에, 그리고 부정적인 느낌들은 뒤에 있기를 원하는 것이지요.

조는 미래와 과거를 어떻게 보는지 한 번도 생각해 본 적이 없었다. 그는 집중하면서 미래를 앞쪽 약간 오른쪽에 분류해 놓았고, 과거는 왼쪽 옆을 지나간다는 것을 알아냈다.

리처드가 이야기를 계속했다.

> 시간을 분류하는 방법은 당신이 시간에 대해서 어떻게 느끼는가를 밝혀 줍니다. 이제 했으면 하는 것은요, 캐롤라인, 당신이 미래에 강한 행복감 을 쌓는 방법을 배워서 과거에 대해서도 좋은 느낌을 받을 수 있게 되는 것입니다.
>
> 우리가 시작하기 전에, 당신을 괴롭히고 당신이 정말로 하고 싶은 것 을 못하게 막는 특정한 무엇인가가 있나요?

캐롤라인은 고개를 끄덕였다. "음, 저는 배우 지망생이고 최근에 오디 션을 보기 시작했어요. 저는 제가 지원한 역할을 얻지 못할 때 정말 실망 스러워요."

> 알겠어요, 첫 번째로 그 실망감은 적절한 계획이 필요해요. 당신은 실망 하기 위해서 미리 계획을 해야 해요. 당신은 나쁜 것 대신에 어떻게 느껴 지길 원하세요? 제 말은 당신은 오디션에 대해서 생각할 때, 확고하고 의 욕적이며 열정적으로 느끼고 싶으시죠, 맞죠?

"네. 저는 미래에 대해 긍정적으로 느끼고 싶고, 제가 오디션에 대해 서 생각할 때, 제가 역할을 얻을 가능성이 높다고 확신하고 성공할 만하 다고 자신감 있게 느꼈으면 좋겠어요."

좋아요. 만약 당신이 과거의 부정적인 경험들에 대해서 느끼는 방식을 바꾸는 방법을 찾고, 동시에 더 좋은 미래에 대한 믿음을 발전시킬 수 있다면 환상적이겠지요?

"물론이죠." 그녀는 열광적으로 대답하였다. "그것은 멋질 거예요. 저는 지나치게 거절에 초점을 맞추는 것 같아요."

우선 첫 번째로, 저는 사람들이 거절에 대하여 너무 개인적으로 받아들인다고 생각해요. 제 말은 누군가가 여러분을 거절할 때 그것은 그들이 구체적으로 여러분에게 못되게 하려고 계획했기 때문이 아니라는 거예요. 그것은 단지 당신이 아직 하지 않고 있는 무언가가 있거나 또는 당신이 하고 있지만 멈춰야 하는 무언가가 있다는 사실에 대한 정보일 뿐입니다. 어느 쪽이든지 최고의 반응은 결심과 융통성입니다.

그러니 캐롤라인 여기 당신이 해야 할 일이 있어요. 호흡을 천천히 하고 자신이 힘들지 않게 편안한 상태로 들어갈 수 있도록 하세요. 당신의 몸을 부드럽게 하고 당신 자신이 가능한 최대로 편안하게 느끼도록 하세요. 모든 호흡은 당신을 점점 더 편안하게 느끼도록 도와줍니다. 이제… 눈을 감으세요.

리처드는 더 천천히 말하기 시작했고 그의 목소리는 이야기를 계속함에 따라 더 낭랑해졌다.

당신이 편안함과 부드러움 안으로 떠내려가면서 당신 자신이 당신의 시간선 위로 떠올라서 당신의 과거, 현재, 그리고 미래를 내려다보는 것을 상상하기 시작하세요.

저는 당신이 과거를 내려다보면서 오디션에 가서 역할을 얻지 못했던 모든 시간들을 볼 수 있다는 것을 알아요. 그리고 당신이 이 관점에서 그 경험들을 내려다보면서 그 경험들 각각이 미래의 성공을 위한 연습장이 었다는 것을 깨달을 수 있어요. 제가 당신이 했으면 바라는 것은 각각의 경험에서 어떤 유용한 정보가 나오는지를 알아차리는 것이에요. 빛이 빛 나는 것처럼 그것들이 당신의 시간선 위로 떠오르게 하세요. 그 빛은 가 지고 가고 나머지는 그것들이 있어야 할 뒤쪽, 과거에 남겨 두세요.

그다음에 상상할 수 있는 최상의 느낌을 모으세요. 당신이 가장 행복 하게 느꼈던 때를, 세상 최고에 있다고 느꼈던 때를 생각하세요. 당신이 정말로, 정말로 기분 좋았던 때를 생각할 수 있나요?

그녀의 눈을 감은 채 매우 편안해 보이면서 캐롤라인은 천천히 끄덕이 고 미소를 지었다.

지금 그 경험을 다시 체험하고 있는지 확인하세요. 그리고 그 멋진 감각 에 집중하면서 그것을 쌓아올리고 강화하세요. 그것이 당신 몸을 통해 움직이는 것을 상상하세요. 이제 이 느낌에 당신에게 가장 잘 어울리는 색을 입히고, 그것이 모든 부정적인 기억과 모든 나쁜 시간을 덮을 수 있 도록 과거 전체에 뿌려서 그것들이 정말로 멋진 느낌에 잠기는 것을 상 상해 보세요.

아래를 내려다보고 이제 당신의 과거가 얼마나 달라 보이는지를 보고, 그 모든 경험들에 대해서 기분 좋음을 느끼고, 당신을 괴롭혔던 모든 것 이 이제는 당신 뒤에서 순식간에 멀어지는 것을 상상하세요.

캐롤라인은 크게 웃었다.

캐롤라인, 진실은 어떤 것들은 잊을 가치가 있고 또 어떤 것들은 기억할 가치가 있다는 것이에요. 많은 사람들은 여기서 안주하지만, 당신이 과거에 대해 좋은 기분을 느끼게 된 것처럼 당신이 했으면 하는 것은 미래에 대해 바라보고, 그것에 최고의 느낌이 비처럼 내리고, 최고의 상태로 모든 미래 경험을 채우는 것을 상상하는 것이에요.

예전 그 어느 때보다 더 좋고 더 밝고 더 강렬한 당신의 미래를 보세요.

이제는 당신 자신의 몸에 맞길 시간이에요, 캐롤라인. 그래서 당신은 새로운 사람, 새로운 기회, 새로운 가능성… 가능성의 세상인 가장 좋은 것으로 가득한 놀라운 미래에 대한 흥미와 기대로 가득함을 느낄 수 있을 거예요. 결의, 흥분, 열정과 자기 신뢰를 가지고 다음 오디션, 그리고 그다음 오디션에 가는 것을 상상하세요.

그리고 천천히 멋진 좋은 기분을 느끼면서 다시 이곳으로 돌아오실 수 있습니다.

리처드는 멈추었고 캐롤라인은 천천히, 그러나 확실히 더 자각하게 되었고, 밝은 미소를 얼굴에 띠우며 눈을 떴다.

우리가 굳이 물어볼 필요가 없겠지만, 그래도… 어떠세요?

캐롤라인은 깊은 숨을 쉬었다. "마치 내가 아주 오랜만에 처음으로 깨어난 것 같아요. 모든 것이 달라보여요. 저는 헐리우드에서 대성공을 이룰거예요!"

리처드가 청중들에게 돌아섰다.

만약 여러분이 이러한 에너지를 내뿜는 여자를 오디션에서 본다면 여러분은 그녀에게 역할을 맡아달라고 애원하지 않겠습니까? 물론 그럴 겁니다. 당신이 무엇을 하려고 하든지 간에 당신은 올바른 상태에 있어야 한다는 것이 바로 제가 말하고자 한 것입니다.

캐롤라인에게 큰 박수 부탁드립니다.

캐롤라인은 무대에서 뛰어 내려와서 그녀의 자리로 돌아갔다.

그리고 이제, 제가 단지 캐롤라인에게만 이것을 할 것이라고 생각한 분들을 위해서….

리처드가 청중들을 내려다보았다.

자신을 편안하게 하시고 눈을 감으세요. 오늘 이 시간에 만약 여러분이 상황을 어렵게 바라본다면 그것은 어려울 것입니다. 만약 여러분이 상황을 불가능하게 만드는 것이 무엇인지 찾기 시작한다면, 여러분은 찾아낼 수 있을 것입니다. 그리고 만약 누군가가 문제를 가지고 온다면 그들은 문제를 없앨 수 있지만, 그것이 가장 중요한 것은 아닙니다. 가장 중요한 것은 '여러분이 그 문제를 해결해서 갖게 될 여유 시간에 여러분이 무엇을 할 것인가?'입니다.

사람들은 정말로 자기 자신이 더 밝은 미래를 지향하도록 배울 필요가 있습니다. 그리고 그것은 기분 좋게 느끼는 방법을 배움으로써 시작됩니다. 그래서 제가 여러분이 했으면 하는 첫 번째는 연습입니다. 자, 깊게 호흡을 하고, 의식을 그저 코를 통해 들어오고 입을 통해 나가는 깊은 호흡에 두고… 편안히 퍼뜨리세요.

만약 여러분이 머릿속에서 자신과 이야기를 하고 있다면, 목소리를 천천히 낮추신다면 무슨 이야기를 하든지 간에 상관없어요. 그리고 목소리를 부드럽게 하세요.

그리고 부드럽게 하셨다면, 계속 호흡하는 것을 기억하세요. 왜냐하면 저는 여러분이 상태를 조절하는 것을 배우기 바라기 때문입니다. 그리고 만약 여러분의 의식이 꽉 조이는 느낌이 나는 곳으로 간다면, 여러분이 완전히 편안하게 느껴지는 몸 안의 다른 곳으로 가세요. 편안함이 퍼지게 두세요. 나머지는 저절로 될 거예요.

이제 여러분의 삶에서 매우 멋진 무언가를 생각하세요. 여러분이 그때 봤던 것을 보고, 들었던 것을 듣고, 매우 좋은 느낌들로 되돌아가세요. 여러분의 삶에서 다섯 가지 최상의 경험을 찾아서 그것들을 여러분의 미래의 기반으로 만들 수 있는지 봅시다. 많은 사람들은 과거로 들어가서 그들에게 일어난 형편없는 모든 것들을 집어 들고 나서 미래에 무슨 일이 생길 것인지에 대해서 생각합니다. 그 대신에 저는 여러분이 편안한 상태에서, 단순히 과거로 돌아가서 다섯 가지 멋진 것들을 찾기를 바랍니다. 여러분을 특별하다고 느끼게 만든 것들, 자신을 기쁨으로 놀라게 했던 시간. 그리고 그것들을 함께 연결하시길 바랍니다. 첫 번째 것, 두 번째 것, 세 번째 것, 네 번째 것, 다섯 번째 것을 생각해 보고 다시 처음으로 돌아가세요. 그리고 이러한 좋은 경험 안으로 들어가는 것을 기억하세요. 여러분이 그곳에 있었을 때 본 것을 보세요. 그것들이 여러분의 마음속에 흐르게 하세요.

여러분 자신에게 물어보세요, "행복한 상태 속에 있는 것이 어떻게 느껴지나요?" 왜냐하면 이 질문에 대답을 하기 위해서 여러분은 행복의 상태 속으로 들어가야만 하기 때문입니다. 그리고 여러분이 하면 할수록 더 좋은 것은 기분이 좋을 수 있는 방법을 더욱 습득하게 될 것이기 때문이며 여러분이 살아 있고 여러분이 그것을 받을 만하다는 것 이외에는 다른 이유가 없기 때문입니다.

그리고 여러분이 그 다섯 가지 경험을 살펴보면서 미래를 바라보고 여섯 번째 경험을 추가하세요. 여러분이 이 워크숍을 떠났을 때 하게 될 무언가, 여러분이 다르게 할 무언가에 대해서 생각해 보세요.

자신이 하였던 자신의 최고의 모습, 최고의 것을 살펴보도록 자신의 신경을 훈련시키고, 그다음에 여러분이 이것에 대해서 무엇을 할 것인지 생각해 보세요. 이것은 새로운 당신이며 진실은 여러분은 새로운 것들을 배울 수 있고, 여러분 주위에 있는 사람들도 그렇다는 것입니다. 여러분은 사람들을 만나서 불만을 느끼는 것 대신에 계속 웃을 수 있고, 여러분이 이 상태에 들어갔을 때 갑자기 그들 역시 같은 상태에 들어갈 것입니다. 왜냐하면 요구르트가 요구르트를 알아보듯 행복은 행복을 알아보기 때문이지요. 그리고 그 사람이 고용된 사람이든, 여러분이 차를 팔려고 하는 사람이든, 아니면 여러분이 가장 사랑하는 사람이든 간에 낙관과 희망은 사람에게 필요한 것이기 때문입니다.

여러분은 여러분의 낙관주의가 항상 퍼져나가게 만들고 싶어 합니다. 여러분이 실패하는 유일한 때는 여러분이 멈출 때입니다. 그러니 멈춤은 여러분이 원하는 활동이 아닙니다. 여러분은 더 많은 끈기를 만들고 싶어 합니다.

이제 묘수는 여러분이 이 상태에서 나오는 것이 아니라 이것을 통과해서 다른 쪽으로 나왔을 때, 더 이상 똑같이 느끼지 않게 되는 것입니다. 여러분은 예전의 모습으로 돌아가고 싶지 않습니다. 여러분은 여러분이 될 수 있는 사람쪽으로 가고 싶습니다.

여러분은 생각으로 시작하고, 생각이 행동이 되며, 행동은 습관이 되고, 습관은 여러분의 진정한 모습이 됩니다. 그러니 이제 새로운 생각들을 새로운 행동으로 그리고 새로운 것을 시도할 시간입니다. 여러분은 즐기는 자신을 발견하고, 사람들에게 더 친절한 자신을 발견하며 더 인내심 있는 자신을 발견할 것입니다. 그리고 여러분이 겪은 모든 고통조차도 아름답다는 것을 깨달을 시간입니다. 그리고 이제 여러분은 그것을 통달하였으니 이제는 "당신은 얼마나 많은 즐거움을 감당할 수 있습니까?"라는 질문에 답을 찾을 시간입니다.

그러니 오늘 밤, 여러분이 잠자고 꿈꾸는 동안 저는 그 모든 나쁜 습관이, 그 모든 나쁜 악몽, 여러분이 해 왔던 그 모든 나쁜 반복적인 것, 즉 자기 비판, 낮은 자존감, 사람들을 만나는 것에 대한 걱정, 수줍음, 그것이 감정적이든 신체적이든 간에 멈추기를 바랍니다.

많은 사람들에게 그것은 정신적인 것입니다. 왜냐하면 우리가 살고 있는 이 사회 안에서 우리는 자신의 정신에 중요한 모든 것들을 차단했기 때문입니다. 그러니 만약 여러분이 그 어떤 것도 이루지 못했다는 이야기를 들었다면, 만약 어리석다는 이야기를 들었다면, 만약 그런 어떤 것이라도 들었다면, 저는 여러분이 스스로 머릿속에 "그까짓 것은 필요 없어!"라고 주문하는 말을 듣기 바랍니다. 왜냐하면 그것은 간단히 말해 진실이 아니기 때문입니다.

저는 수천 명의 사람들이 심지에 제가 그것이 불가능하다는 이야기를 들었을 때도 수천 가지의 방법으로 변화하는 것을 봐 왔습니다. 그리고 만약 좋은 느낌에 대해 무감각하다고 느낀다면, 잠들 때까지 기다리세요. 왜냐하면 다른 모든 것들이 여러분의 마음으로 돌아올 때이기 때문입니다. 저는 여러분의 무의식이 설명할 수 없는 행복감을 주기 바랍니다. 사실 여러분이 여기 앉아 있는 지금보다 시작하기 더 좋은 때는 없습니다. 저는 여러분들의 무의식이 들을 수 있다는 것을 알고 있습니다. 그러니 여러분의 무의식이 완전히 반응하고 여러분이 얼굴과 몸 전체에 미소가 스며드는 것을 허락하기 시작하는 한 언제 그것을 하는지는 중요하지 않습니다. 왜냐하면 이제는 여러분이 천천히 하지만 확실히 따뜻한 감정, 기쁨과 크고 밝은 미소를 가져오는 완전한 의식 상태로 돌아올 때이기 때문입니다.

조는 천천히 의식을 되찾고 자신이 미소를 짓고 있는 것을 몸 전체로 느꼈다. 그는 매우 기분이 좋았다.

리처드는 앨런과 다른 보조자들에게 감사하며 이렇게 말하였다.

오늘 여러분은 수많은 아이디어에 노출되었으며 몇몇은 여러분이 바로 기억할 수 있을 것이고 다른 몇몇은 살아가면서 떠올라서 여러분을 깜짝 놀라게 할 것입니다. 하지만 여러분이 이곳을 떠날 때 꼭 아셨으면 하는 한 가지가 있습니다. 저는 여러분이 만약 무언가를 하고 있고 그것이 잘 되지 않을 때, 더 쉬운 방법이 있다는 것을 알기 바랍니다.

그리고 만약 여러분이 하는 무엇인가가 잘 안된다면, 여러분은 다른 무언가를 해야 합니다. 그리고 여러분이 해야 하는 첫 번째 일은 자신의 내적 상태를 바꾸는 것입니다. 왜냐하면 만약 여러분이 불만스럽게 느낀다면 주위에 있는 사람들은 그것을 알아차리고 여러분은 그저 그 상황에 빠지게 될 것입니다.

편안해지세요, 그러면 사람들도 편안해질 것입니다. 좋은 느낌을 가지세요. 그러면 상황들도 더 좋아질 것입니다!

리처드가 무대를 떠나면서 기립 박수가 이어졌다. 조도 기립 박수를 치면서 헤어지기 전에 조는 테레사와 에밀리에게 커피숍에 갈 것을 제안했다. 그들은 동의했고 에드거도 초대했다.

조는 문쪽으로 걸어갈 때, 그의 이름을 부르는 소리를 들었다. 앨런이었다.

"괜찮았어요?" 그가 물었다.

조는 고개를 끄덕였다. "네, 이것은… 제게 변화를 주었습니다."

앨런이 미소 지었다. "조, 우리가 전에 무슨 이야기를 했는지 알아요? 당신이 여기서 배운 것을 당신의 삶에 적용하기를 진심으로 바라요. 특히 당신의 애정 생활이에요. 몇 년 전에, 저는 저의 많은 실수 때문에 훌륭한 여자를 놓쳤어요. 이제는 잊었지만 그래도 여전히 당신처럼 훌륭한 여자를 찾은 사람들을 볼 때면, 저는 당신이 최고를 만들어 내기를 바라요."

조는 고개를 끄덕였다. 약간은 놀랐지만 앞에서 보인 앨런의 의도를 알 수 있었다.

"모든 것에 감사해요."

"도움이 되었다니 기쁘네요, 조. 다시 만나게 되길 바라요. 그리고 모든 것에 행운을 빌어요."

조는 앨런과 포옹하고 작별 인사를 하였다.

그는 곧 나머지 사람들과 합류하였고, 그곳에는 캐롤라인을 포함해 워크숍 참가자들 몇이 참여하였다.

몇 분 후, 조는 커피숍에서 강의에 대해 이야기를 나누며 즐거운 시간을 보내고 있었다. 그는 모여 있는 사람들을 바라보았고, 그들 모두가 매우 비슷한 자세로 서로에게 맞추고 있다는 것을 알아차리고는 스스로 미소를 지었다.

그는 관심을 에드거에게 돌리면서 세미나에 대해서 어떻게 생각하는지에 대해 물어보았다.

"아주 좋았어요." 에드거가 대답하였다. "저는 분명히 제가 찾던 것을 얻었어요. 제 말은 여기에서 배운 것을 우리가 적용하지 않으면 차이를 만들어 내지 못해요. 하지만 저는 분명 제가 사용할 만한 몇몇 새로운 기술을 얻었어요. 나쁜 기억을 지워버리고, 돌리고, 좋은 감정에 고정하도록 배운 그 상태-변화는 놀라웠어요. 그것은 제가 예전에 배운 모든 것을 증대시켜 줘요." 에드거는 그의 끼익 소리가 나는 요다 목소리로 돌아왔다. "그것은 재미있고 유용한 경험이었어요. 기뻐요."

"네." 조는 머리를 끄덕이며 미소를 지었다. "당신은 재미있어요. 하지만 당신이 의미하는 것을 알겠어요. 그것은 가능한 것들을 보여 주었지요."

"그리고 메타모델 질문들은 특히 저에게 유용할 것 같아요. 저는 이미 그것을 사용하고 있어요. 하지만 이제 더 의도적으로 할 수 있게 되었어요."

조는 강의 동안 얻은 다양한 도구들과 기술들에 대하여 생각하였다. 그는 에드거 말에 동의하였다. NLP에 대해서 좋았던 것은 그것이 단지 많은 과대 선전과 긍정적인 사고뿐만 아니라 실용적인 기술들로 가득하다는 것이다. 그는 즉시 그것을 적용하기로 마음먹었다.

테레사가 그의 생각을 방해했다. "조, 에밀리가 무슨 일이 있었는지 저에게 이야기하였어요. 그녀와 함께 한 작업에 정말 감사드려요."

"아니에요, 테레사. 아시다시피 그녀도 저를 많이 도와주었어요."

"그에 대해서는 의심의 여지가 있어요. 우리 눌 다 우리를 괴롭히는 사람들이 우리를 위협하게 내버려 두고 있었다는 것이 재미있지 않나요? 그러나 더 이상은 아니에요. 이제부터 제 딸과 저는 우리 자신을 위해 당당해질 거예요. 우리는 약속을 했어요."

큰 미소가 조의 얼굴을 스쳐갔다.

"조" 테레사가 이야기를 계속했다. "당신이 사랑하는 분께 안부 전해 주세요. 그녀는 아마 당신이 배운 것에 대하여 당신을 다그칠 거예요."

조는 고개를 끄덕였고 에드거가 끼어들었다. "제 조언이 궁금하다면, 그녀가 강의에 대해 물어볼 때, 그냥 세미나 내내 그녀를 생각하느라 시간을 보내서, 아무것도 기억이 안 난다고 이야기하세요!"

테레사와 조 모두 웃었다. "조언 감사해요, 에드거. 부드럽네요. 아주 부드러워요."

에밀리가 대화에 합류하였다. "그래서, 조, 다음은 뭐지요?"

"음, 다음은 집에 가서 나의 아름다운 여자 친구에 대해서 알아 가는데 더 많은 시간을 보내고, 직장에서는 사람들과 훨씬 더 잘 지내는 것을 계획하고 있어. 나는 정말 내가⋯."

조는 잠이 들어 코를 고는 척하는 에밀리에 의해 가로막혔다.

"하하하! 재미있구나!" 조가 말했다.

테레사와 에드거는 킥킥대며 웃었다.

"그거 아세요? 제가 이번 세미나에서 얻은 또 다른 것은," 조가 말하였다. "그것은 유머의 중요성이에요. 제 말은 그것이 자유롭고 행복해지는 방법에 대한 지속적이고 근본적인 메시지였어요. 문제들은 웃어줄 만한 가치가 있어요. 인생은 웃어줄 만한 가치가 있어요. 웃음은 상황을 쉽게 바꿀 수 있게 해 줘요. 우리가 우리 자신에게, 우리의 문제들과 세상에게 웃을 수 있을 때, 우리는 정말로 자유로울 수 있어요."

모두가 끄덕였다. 조는 앞으로도 연락하고 싶은 친구들 몇몇을 사귀었다는 느낌을 받았다.

대화를 나누며 시간을 조금 더 보낸 후, 조는 그의 전화가 울리는 것을 들었다. 그는 수신자 번호를 확인하고 웃으며 자리에서 나왔다. 그가 밖으로 걸어 나갈 때 강렬한 흥분이 그의 몸 안에서 움직였다. 이것을 알아차리면서 그는 즉시 그것에 앵커하였다. 그리고 그는 전화를 받았다. 그가 배운 것을 사용하기 시작할 때였다.

THE ULTIMATE INTRODUCTION TO NLP

제6장

워크숍 후기

한 달 후, 조는 어느 저녁 기쁘고 흥분된 기분으로 직장에서 집으로 돌아왔다. 그는 실제로 몇몇 동료들과의 관계를 개선하였으며, 자신이 그들을 훨씬 더 많이 이해하고 있음을 알 수 있었다. 전날 밤 사무실에서 있었던 발표 후에 모두가 술을 마시기 위해 나갔을 때, 그는 예상치 않게 환영받는 느낌을 받았고, 그들 중 몇몇은 심지어 그를 우러러보았다.

차 한 잔을 만들어서 소파에 앉은 후, 그는 커피 테이블에 있는 그의 일기장을 집어 들었다. 그는 그것을 읽기 시작했고, 단지 몇 주 전에 배운 기술들과 개념들 중 많은 것들을 시행하였다는 것이 자랑스럽게 느껴졌다. 직장에서 그는 정말로 노력하였으며 그 결과 인기를 포함한 보상을 얻었다. 물론 그는 여전히 조심스러웠고, 앞으로 그가 어려움을 직면하게 될 것이라는 것을 잘 알고 있었다. 하지만 동료든 상사든, 고객이든, 그가 다른 사람들의 욕구와 바람을 알아차리는 데 점점 더 나아지고 있다는 것에 만족했다.

조가 일기장을 빠르게 훑어보면서 생각은 여자 친구에게로 옮겨갔다. 오늘은 중요한 날이다. 그녀가 이사 오기로 한 날이다. 조는 여자 친구와의 의사소통에 그가 배운 라포 기술을 적용했을 뿐만 아니라, 그 결과로 그들이 훨씬 더 잘 지낸다는 것을 알아차렸다. 그녀가 이사를 들어오고 있어서 아직까지는 그들이 기분 좋을 때라는 것을 알고, 진짜 도전이 다가오고 있는 것도 알고 있다.

바로 그때 문이 열리고 여자 친구가 걸어 들어왔다.

그녀의 얼굴을 보자마자 들뜬 기분이 사라졌다. 그녀의 눈은 빨갰고 울고 있었다. 그녀가 가까운 의자에 가서 털썩 앉는 동안 조는 어찌할 바를 모른 채 서 있었다. 곧바로 그는 최악을 생각하기 시작했다. 그 자리에서 얼어붙은 채, 그는 그녀가 이사 오고 싶지 않거나, 더 안 좋게는 더 이상 그와 함께 하고 싶지 않다고 결정하였다는 신호를 찾으며 그녀를 바라보았다. 그녀가 웅크리고 앉아 머리를 감싸고 흐느끼는 동안 그는 무엇도 생각할 수가 없었다. 그의 모든 부분이 그녀에게 혹시 그 때문이냐고, 혹시 그를 더 이상 사랑하지 않는 것이냐고, 혹시 그를 떠나고 싶은 것이냐고 물어보고 싶었다.

하지만 그는 그가 배운 것을 기억했다. 이러한 상황에서 처음으로 그는 자신에게 물어보았다. 이것이 너 때문이라는 것을 어떻게 알아, 조? 그녀의 삶의 모든 것이 너에 대한 것이니? 물론 아니야. 그녀는 지금 무엇이 필요하지?

곧바로 그는 그녀에게 걸어가서 그의 팔을 그녀에게 두르고 그녀의 귀에 속삭였다. "당신이 마음 상해 있는 걸 보게 되어서 유감이야, 공주님. 하지만 그것이 무엇이든 간에 우리는 해결할 수 있을 거야."

갑자기 그녀는 그를 꼭 붙들고는 머리를 그의 어깨에 뉘였다. 눈물을 흘리면서 그녀는 말하기 시작했다.

"미안해, 조. 책과 관련해서 끔찍한 하루였어. 나는 창의성을 잃어버렸어."

"그게 무슨 뜻이야?" 조는 부드럽게 물어보았다.

"음, 나는 오늘 새 책에 대한 계획안을 출판 업자에게 보여 주었어. 그런데 그녀가 그것을 싫어했어. 그녀는 지루해 보였어. 나에 대해 지루한 거지."

그게 다야? 조는 혼자서 생각했다. 그렇게 마음 상할 이유가 없잖아.

다행히도, 그날 저녁 두 번째로, 그는 입을 열기 전에 한 번 더 생각해 볼 수 있었다.

이것은 너의 생각과 달라. 이것은 세상에 대한 그녀의 지도와 관련된 것이야. 그녀에게 이것은 큰일이지.

"들어 봐." 그는 말했다. "지금은 상황이 안 좋아 보인다는 것을 알아. 하지만 분명 출판 업자는 당신이 얼마나 재능이 있는지를 보고, 당신을 정말로 중요한 작가로 보았기에 당신의 출판을 남낭하기로 결정했을 거야."

여자 친구는 그를 올려다보며 눈물을 닦았다. "정말로 그렇게 생각해?"

조는 웃으며 고개를 끄덕였다. "그렇다는 걸 나는 알아. 당신은 일을 아주 훌륭히 해내고 있어. 당신의 첫 번째 책은 정말로 좋았고, 당신은 놀라운 출판 계약을 얻어 냈고, 매우 창의적이기에 나는 당신이 곧 또 다른 책을 위한 훌륭한 아이디어를 생각해 낼 것이라는 것을 알아. 단지 잘 될 수 있는 더 많은 아이디어를 찾기 위해 당신이 할 수 있는 것을 찾아보고 있는 거야."

그녀는 천천히 끄덕였다. 그녀는 더 이상 울지 않았다.

조는 이야기를 계속했다. "게다가, 기억해. 오늘은 당신의 인생에서 가장 중요한 날이야. 오늘 세상에서 가장 잘생긴 남자와 함께 살려고 당신이 이사하는 날이야."

그녀는 킥킥대며 웃었다. "하지만 나는 오늘 당신과 함께 이사하는 걸로 생각했는걸!"

조는 그녀를 붙잡고 간지럼 태우며 그들은 한바탕 웃었다.

제7장

조의 일기

워크숍으로부터의 메모

- 배움은 결코 끝나지 않는다. 만약 알아야 할 것을 다 알았다고 느낀다면, 분명히 무엇인가를 놓치고 있는 것이다!

- 지도는 영토가 아니다. 세상에 대한 이해는 세상 그 자체가 아니라 그것을 어떻게 표상하는지에 달려 있다.

- 어떤 일이 일어난다고 생각하는 것은 단지 지도임을 기억해라.

- 당신의 지도가 주변 사람의 지도와 맞지 않을 때, 문제는 발생하기 시작한다.

- 더 좋은 선택을 가지고, 더 좋은 감정을 느끼고, 타인과 더 좋은 관계를 가지기 위해서는 지도를 확장해야 한다. 같은 것을 다른 관점에서 볼 수 있어야 한다. 지도가 더 상세할수록, 더 많은 자유와 유연성을 가질 수 있다.

- 때때로 실제를 확인해라. 지도가 최신판인지 확인해라. 사람들이 밖을 보지 않고 오래된 자신의 지도에만 의존할 때, 일을 그르치고 만다. 한계나 제한이 없는 상황에 있다고 생각하거나, 마치 어떤 일을 꼭 성공해야만 하는 것처럼 행동하지만 그것이 잘되지 않았다면, 그들은 단지 같은 일을 반복한 것이다.

- 미래는 아직 쓰여지지 않았다. 인생은 기회로 가득하고 기회는 미래 앞에 놓여 있다. 그 누구도 심지어 당신의 지도조차도 당신을 그 반대로 설득하게 하지 마라.

- 중요한 것은 누가 옳고 누가 틀리냐는 것이 아니다. 또한 중요한 것은 무엇이 진실인가도 아니다. 좋은 지도는 당신의 상황을 다른 관점에서 볼 수 있게 해 주고, 충분히 헤쳐 나갈 수 있다고 느낄 수 있게 해 주는 것이다.

- 사람들이 한다고 말하는 것 또는 한다고 믿는 것은 종종 실제로 하는 것과는 동떨어져 있다.

- 우리는 우리가 원하지 않는 쓸데없는 것들을 없애 버리고 우리가 정말로 원하는 것들로 대치할 수 있는 정신적 도구와 기술을 가지고 있다.

- 당신이 선택하는 누구도 될 수 있다.

- 변화는 삶에서만 지속적이다. 당신은 자신의 삶이 가게 될 방향과 어떤 사람이 될지를 선택할 것인가, 아니면 그냥 삶이 흘러가는 대로 앉아서 기다릴 것인가?

- 사람들은 자신의 방식대로 보고, 자신을 표현할 수 있거나 자신의 내면 세계를 이해할 수 있는 누군가가 필요하다.

- 만약 당신이 누군가가 어떤 감정의 상태에 접근하기를 원한다면 그곳에 당신이 먼저 가라. 만약 당신이 누군가가 기분 좋기를 원한다면 당신 자신이 먼저 기분 좋은 상태로 들어가라.
- 당신을 만드는 것은 당신의 개인사가 아니라, 그것에 대한 당신의 반응이다.
- 당신은 당신이 하는 모든 것을 마술처럼 만들 수 있고, 특히 당신이 다른 사람들과 함께 있을 때 그러하다. 단지 올바른 상태에 들어가야 하는 것을 기억하라.
- 당신의 머릿속의 목소리는 볼륨 조절기를 가지고 있다. 당신은 당신이 선택하는 목소리 톤으로 그것을 더 크게, 더 부드럽게, 그리고 당신이 원하는 것을 말하게 만들 수 있다.
- 먼저 올바른 상태로 들어가라. 당신이 우울하면서 다른 사람을 신나게 도울 수는 없다.
- 만약 당신이 투덜거린다면, 당신은 투덜거리는 사람을 만나거나 사람들은 당신 주변에서 투덜거릴 것이다. 당신은 뿌리는 대로 거둔다.
- 만약 당신이 문제를 너무 심각하게 받아들이면, 문제가 더 어려워진다.
- 상태는 전염성이 있다.
- 만약 당신이 올바른 내면 상태로 들어가면 당신은 어떤 것이라도 할 수 있지만, 만약 당신이 당신의 내적 상태를 변화시키지 않는다면, 어떻게 그 무엇이라도 변화하기를 기대할 수 있을 것인가?

- 수줍음은 고정된 성격이 아니다. 수줍음은 단지 마음의 상태이다.
- 좋은 느낌을 만드는 것이 매일 일상을 실행하는 방법이 되어야 한다.
- 만약 당신이 인생에 있었던 불쾌한 일을 떠올리게 될 때, 그것을 흑백 즉석 사진처럼 만들고 그것을 멀리 떨어뜨려라. 그러면 곧 그것은 그렇게 문제가 되지 않을 것이다.
- 사람들은 그 순간 그들이 할 수 있는 최선의 선택을 한다.

만약 당신이 그들로 하여금 더 나은 선택을 하도록 돕고 싶다면, 세상에 대한 그들의 지도를 확장하도록 도와라.

- 다른 사람의 지도를 이해하고 존중해라.
- 당신은 의사소통에 대한 책임을 져야 하고, 만약 원하는 결과를 얻지 못한다면 당신이 하는 방식을 변화시켜야 한다.
- 당신은 다른 사람들과 이야기를 나누지 않고서도 그들에게 영향을 미칠 수 있다. 당신의 상태는 그들의 상태에 영향을 미친다(요구르트는 요구르트를 안다).
- 라포를 형성하는 것은 자연스러운 과정이다.
- 두 사람이 정말 잘 지낼 때, 그들은 언어적, 그리고 비언어적인 모든 수준에서 서로의 의사소통 패턴을 맞추는 경향이 있다.
- 맞추기란 의사소통의 부분들을 미묘하고 점진적으로 다른 사람의 의사소통에 맞추는 것을 의미한다.
- 사람들이 의사소통할 때, 사용하는 단어를 통하여 이 세상을 어떻게 표상하는지를 드러낸다.

- 우리 중 몇몇은 시각적인 이미지로 생각하는 것을 선호하고, 다른 이들은 소리와 단어에 대한 예리한 귀를 가지고 있으며, 또 다른 사람들은 세상을 이해하기 위해 주로 신체적인 감각에 의존한다. 이것은 우리가 그런 '종류'의 사람이라는 것을 뜻하지는 않지만, 한 사람이 특정한 상황에서 어떻게 생각하는지를 이해할 수 있게 해 준다.

- 당신이 누군가가 사용하는 표상체계와 맞추면, 그것은 그 사람이 당신과 라포가 형성된 것처럼 느끼게 해 준다. 당신이 그것을 다르게 맞추면, 공감하지 못하기 때문에 좋은 감정을 느끼지 못한다.

- 우리의 지도가 실제일 때, 우리는 감각들로부터 전달받은 정보를 삭제하고 일반화하며 왜곡한다. 그다음에 우리가 단어를 가지고 그 지도를 묘사할 때, 다른 사람들에게 또는 자신에게도 다시 그렇게 한다. 우리는 지도를 삭제하고 일반화하며 왜곡한다.

- 당신이 더 깊이 파고 들어가서 정확한 문제를 찾을수록 누군가가 해결책을 찾도록 돕는 것은 더 쉬워진다.

- 당신이 메타모델을 사용하여 더 많은 질문들을 할수록 신념에 대한 의문의 씨를 뿌릴 가능성은 더 높다. 그것은 한 사람이 신념을 더 유용한 자원으로 바꿀 공간을 만들어 준다.

- 어려운 상황에 처해 있을 때, 문제는 일반적으로 상황 그 자체가 아니라 그 상황에 대해 생각하는 방식에서 발생한다.

- 흔히 사람들은 가장 중요한 문제를 문제로 여기지 않는다. 가장 큰 문제는 가장 중요하지 않은 문제에 너무 많은 시간을 허비하고, 그 문제가 해소되었을 때 또 다른 쓸데없는 것으로 시간을 허비하기 시작한

다는 것이다.

- 무엇에 대해 안 된다고 말하기 위해서 두뇌는 우선 원하지 않는 것의 이미지를 만들어 내야 하고, 그 후에 그것을 무효화시켜야 한다. 여기서 문제는 이미 잘못된 방향을 향하고 있다는 것이다.

- 실망은 적절한 계획을 요구한다.

- 상황을 다른 것처럼 보기 시작한다면, 그것은 달라질 것이다. 만약 무엇이 상황을 불가능하게 만드는지 연구하면 알아낼 수 있을 것이다.

- 사람들은 더 밝은 미래를 지향하는 것을 배워야 한다. 그리고 그것은 기분 좋게 느끼는 방법을 배움으로써 시작된다.

- 실패하는 유일한 때는 멈출 때이다.

- 무언가 하는데 잘되지 않는다면, 더 쉬운 방법이 있음에 틀림없다. 그리고 하는 것이 잘되지 않는다면, 다른 방법을 해 보아야 한다. 그리고 첫 번째로 해야 하는 것은 내적 상태를 변화시키는 것이다.

- 우리는 생각으로 시작하고, 그 생각은 행동이 되고, 행동은 습관이 되며, 습관은 진정한 자신이 된다.

제 8 장

이 책에서 사용된 기법

나쁜 기억 지우기

1. 최근 당신에게 발생하였고 여전히 당신을 괴롭히며 더 이상 생각하고 싶지 않은 무엇인가를 생각하라. 마음의 눈에 보이는 이미지나 영화로 시각적인 기억 표상에 집중하라.

2. 영상을 더 작게 만들고 그것을 멀리 떼어 놓고 밝기를 없애라.

3. 만약 그 장면의 목소리나 소리를 듣는다면, 그것을 희미하게 없애라.

4. 무엇이 있는지를 보기 위해서, 눈을 가늘게 뜨고 영상을 작게 만든 후 더욱 작게 만들라.

5. 빵 부스러기만한 크기가 되었을 때, 그것을 그냥 쓸어 버리라.

앵커링 기법을 사용하여 긍정적인 느낌 촉발시키기

1. 당신의 생각과 스크린에서 보는 장면에 연결되어 있는 레버를 볼 수 있도록, 당신 바로 앞에 영화 장면을 상상하라.

2. 정말로 좋았던 경험의 마음 상태로 돌아가라. 당신이 그때 느꼈던 느낌을 느껴 보라.

3. 그 느낌을 크게 하면서 이미지를 점점 더 크게, 더 선명하게 그리라. 이것이 되면 '재미있는'이라고 쓰여 있는 레버를 상상하며 그것을 천천히 올리라. 더 실제처럼 느껴지기 위해 제스처를 취하라.

4. 당신의 생리와 느낌의 변화에 적합한 속도로 끌어올리면서 아주 신나는 기억을 점점 더 가깝고 더 크게 만들라.

5. 그것에 색을 더하라. 그것을 반짝이게 만들라. 세부적인 것을 보라.

6. 머릿속에서 '이제 재미있는 것을 시작해 보자'라고 말하는 목소리를 들으라.

7. 잠시 동안 훌륭한 느낌을 즐기라. 그 후 레버를 처음의 위치로 내려 놓고 당신의 몸이 더 중립적인 상태로 돌아가게 하라.

8. 앵커링이 성공이었다는 것을 확인하기 위해 잠시 멈추고, 그 레버를 다시 잡은 후, 자신에게 '이제 재미있는 것을 시작해 보자'라고 말하면서 올려본다. 당신은 이전처럼 황홀한 느낌으로 돌아가야만 한다.

긍정적 느낌 증폭시키기

1. 눈을 감고 당신이 느꼈던 최고의 느낌을 떠올린다.

2. 당신이 좋은 느낌을 느꼈을 때 본 것을 보고 들은 것을 듣는다.

3. 그렇게 하면서, 그 놀라운 느낌이 어디에서 오는지를 알아차린다. 그것은 당신의 몸 어디에서 시작하는가? 그것은 어디로 움직이는가?

4. 당신이 그 느낌에 대한 생각을 멈출 때, 그것은 어디로 가는가?

5. 다시 놀라운 느낌으로 돌아가서 그것을 느끼라. 그것이 사라지기 전에 그것이 원으로 움직일 수 있도록 그것을 당신의 몸 밖으로 끌어내고 그것이 시작한 곳으로 다시 가져다 놓는 것을 상상한다. 그리고 그것을 더 빠르게 뱅글뱅글 돌리기 시작한다.

6. 당신이 그것을 더 빨리 돌릴수록 그 느낌이 더 강해지는 것을 알아차리라. 당신의 몸은 얼마나 많은 즐거움을 느낄 수 있는가?

부정적 느낌 지우기

이 연습을 위해서 이전 연습에서 증폭시키도록 배운 그 놀라운 느낌을 활용해야 한다.

1. 당신에게 나쁜 생각을 주고 행동을 제약하는, 당신이 꽉 막혔다고 느껴지는 당신의 삶의 한 부분을 생각해 보라.

2. 영화 스크린에서 그것을 바라보고 밝기 조절기를 집고 있는 것을 상상하라. 그다음에 빠르게 그것을 완전히 하얗게 지울 수 있도록 가장 밝게 돌려라. 한순간에 그것을 보고, 다음 순간에 완전히 하얗게 지운다.

3. 다시 해 본다. 이번에는 자신을 기분 나쁘게 했던 일을 상상하고 그것을 정말로 빠르고 하얗게 지우라.

4. 그것이 자연스럽게 될 때까지 전 단계들을 두세 번 반복하라.

5. 전에 작업했던 놀라운 느낌을 가지고 미래의 힘든 상황을 상상하면서, 다시 부정적인 이미지를 하얗게 지우고, 이것을 진정으로 좋은 느낌으로 돌리라.

6. '다시는 결코 안 해!'라고 자신감 있게 말하는 내면의 목소리를 들으라.

7. 당신의 몸 전체에 빠르게 돌고 있는 좋은 느낌에 집중하라. 그리고 당신의 몸이 놀라운 행복감으로 채워지면서 어떤 일이 생기는지를 알아차리라.

8. 상태를 바꾸기 위해 몸을 흔들고 제자리로 돌아오라.

9. 이 새로운 전략이 자동적으로 작동하는 것을 확인하기 위해, 부정적인 상황에 대해서 생각하고, 당신이 그에 대해서 어떻게 느끼는지를 보라. 당신은 기분 나쁜 것을 상상할 수 있는가?

새로운 전략이 자동적으로 작동할 때까지 이 연습을 반복한다.

맞추기의 힘 : 비언어적 의사소통

이 연습을 위해 당신은 파트너가 필요하다.

다르게 맞추기

1. A가 자신에 대해서 이야기한다.

2. B는 이야기를 듣되 A의 신체 언어에 다르게 맞춘다.

3. B는 A가 이야기하는 것에 다른 말의 속도와 다른 표상체계를 사용하여 반응한다.

4. 그동안 A는 경험에 대해서 생각해 보고, 그것이 B에 대해서 어떻게 느끼도록 만들었는지에 대해서 생각해 본다.

맞추기

1. A는 자신에 대해서 이야기한다.

2. B는 미묘하게 상대의 신체 언어, 목소리의 톤, 말의 속도, 그리고 표상체계에 맞춘다.

3. A는 경험에 대해서 생각하고, 이제는 그것이 B에 대해서 어떻게 느끼게 했는지에 대해서 생각해 본다.

역할을 바꾸고 두 사람 모두 다르게 맞추기와 맞추기를 할 기회를 가진다.

메타모델 질문

다음의 단계를 사용한다.

1. 정보 구체화

2. 정보 명료화

3. 세상에 대한 자신의 모델 열기

질문

- 어떻게? 무엇을? 언제? 어디서? 구체적으로 누가?
- 누가 말하는가? 누구에 따르면?
- 모두? 항상? 절대로? 아무도? 아무것도? 모두? 그 누구도 아닌?
- 그것은 무엇을 의미합니까?
- 누구와 비교해서? 무엇에 비교해서?
- 당신이 어떻게 알지요?
- 무엇이 당신을 멈추게 하나요? 만약에 할 수 있게 된다면 어떻게 될까요?
- 멈췄다면 어떻게 될까요? 멈추지 않았다면 어떻게 될까요?

더 좋은 미래 만들기

1. 호흡 속도를 늦추고 힘들지 않게 편안한 상태로 들어갈 수 있도록 하라.

2. 시간이 시간선 위에서 앞뒤에 펼쳐 있는 것을 상상하라. 시간선 위로 떠올라서 과거, 현재, 그리고 미래를 내려다보는 것을 상상하라.

3. 과거를 내려다보면서 당신이 나쁜 경험을 했던 그때를 보라. 그리고 그 경험을 내려다보면서 그 경험 각각이 미래의 성공을 위한 연습장이었다는 것을 깨달으라.

4. 그 경험 각각에서 나오는 유용한 정보를 알아차리라. 빛이 빛나는 것처럼 시간선 위로 떠오르게 하라. 그 빛은 함께 가지고 가고, 나머지는 그것이 있어야 할 뒤쪽, 과거에 남겨 두라.

5. 그다음, 최상이었던 때를 생각하라. 그 상황에 자신을 몰입시키고 그 환상적인 느낌이 더욱 커지게 하라. 그것이 당신의 몸 전체로 퍼진다고 상상해 보라.

6. 그 느낌에 좋아하는 색을 입히고, 모든 부정적인 기억, 모든 나쁜 시간을 덮을 수 있도록 과거 전체에 색을 칠하라.

7. 아래를 내려다보며 이제 과거가 얼마나 달라 보이는지를 상상하라. 그 모든 경험에 대해 기분 좋게 느낌을 알아차리라. 당신을 괴롭혔던 것이 무엇이든지 간에 이제는 뒤에 있고 순식간에 멀어진다.

8. 당신이 과거에 대해 기분 좋게 느낌에 따라 최고의 기분이 비처럼 내려서 최상의 상태로 모든 미래 경험이 채워지는 것을 상상하라.

9. 당신의 몸에 맞기고, 새로운 사람, 새로운 기회, 새로운 가능성… 가능성의 세상인 가장 좋은 것으로 가득한 가장 놀라운 미래에 대한 흥미와 기대로 가득함을 느끼라.

하위양식 목록

다음의 목록은 당신 생각의 이미지, 소리, 그리고 느낌의 많은 하위양식들이다.

시각(이미지, 영화)
- 게임(자신의 눈을 통하여 보는 것) 또는 관조(이미지 속에 자신을 보는 것)
- 위치 : 왼쪽, 오른쪽, 위, 아래쪽으로
- 각도
- 영상의 수

- 크기

- 거리

- 밝기

- 컬러 또는 흑백

- 액자(그림) 또는 파노라마식의

- 2D 또는 3D

- 분명한 또는 흐릿한

- 형태 : 볼록한, 오목한, 특정한 형태

- 움직임 : 정지, 사진, 슬라이드쇼, 비디오, 영화, 순환하기

- 스타일 : 사진, 영상, 포스터, 소묘, 실제 생활

청각(소리, 목소리)

- 모노/스테레오

- 목소리 톤

- 질 : 볼륨, 높이, 템포, 리듬, 억양, 멈춤, 음색

- 변형 : 원을 그리는, 점점 희미해지는, 장소를 움직이는, 방향을 움직 이는

- 내적 또는 외적

- 목소리 : 누구의 목소리? 한 명 또는 다수

- 다른 배경 소리들?

체감각(느낌)

- 진동

- 압력
- 일정한 또는 간헐적인
- 강도
- 무게
- 내적 또는 외적
- 위치
- 형태
- 크기
- 온도
- 움직임
- 질감

THE ULTIMATE INTRODUCTION TO NLP

참고 자료

추천 도서

Bandler, Richard, Using Your Brain for a Change, Real People Press, Durango, CO, 1985

_, *Magic in Action,* Meta Publications, Capitola, CA, 1985

_, *The Adventures of Anybody,* Meta Publications, Capitola, CA, 1993

_, *Time for a Change,* Meta Publications, Capitola, CA, 1993

_, *Get the Life You Want,* HarperElement, London, 2008

_, *Make Your Life Great,* HarperElement, Londeon, 2010

Bandler, Richard, Delozier, Judith, and Grinder, John, *Patterns of the Hypnotic Techniques of Milton H. Erickson Volume 2,* Meta Publications, Capitola, CA, 1977

Bandler, Richard, and Grinder, John, *Frogs into Princes, Real People Press,* Capitola, CA, 1979

_, *Patterns of the Hypnotic Techniques of Milton H. Erickson, Volume 1,* Meta Publications, Capitola, CA, 1975

_, *The Structure of Magic,* Meta Publications, Capitola, CA, 1975

_, *The Structure o Magic*, Volume 2, Meta Publications, Capitola, CA, 1975

_, *Trace-formations*, Real People Press, Durango, CO, 1980

Bandler, Richard, and Fitzpatrick, Owen, *Conversations with Richard Bandler*, Health Communications, Inc., Deerfield Beach, FL, 2009

Bandler, Richard, and La Valle, John, *Persuasion Engineering*, Meta Publications, Capitola, CA, 1996

Bandler, Richard, and McDonald, Will, *An Insider's Guide to Submodalities*, Meta Publications, Capitola, CA, 1989

Bandler, Richard, Roberti, Alessio, and Fitzpatrick, Owen, *Choose Freedom: Why Some People Live Happily and Others Don't.*

Fitzpatrick, Owen, *Not Enough Hours: The Secret to Making Every Second Count*, Poolbeg Press, Ltd, Dublin, 2009

Wilson, Robert Anton, *Prometheus Rising*, New Falcon Press, 1983

_, *Quantum Psychology*, New Falcon Press, 1990

DVD와 CD 제품

Bandler, Richard, DHE, CD, 2000

_, *The Art and Science of Nested Loops*, DVD, 2003

_, *Persuasion Engineering*, DVD, 2006

_, *Personal Enhancement Series*, CD, 2010

La Valle, John, *NLP Practitioner Set*, CD, 2009

이외에도 최면, 리처드의 세미나와 관련한 더 많은 DVD와 CD는 www.nlpstore.com.에서 확인 가능하다.

Bandler Richard, *Adventures in Neuro Hypnotic Repatterning*, DVD set and PAL-version videos, 2002

_, *Thirty Years of NLP: How to Live a Happy Life*, DVD set, 2003

이외에도 리처드 밴들러의 다른 제품들은 Matrix Essential Training Alliance(홈페이지 : www.meta-nlp.co.uk, e-mail : enquiries@meta-nlp.co.uk, 전화 : +44 (0)1749 871126, 팩스 +44 (0)1749 870714)에서 확인 가능하다.

Fitzpatrick, Owen, *Love in Your Life*, Hypnosis CD, 2004

_, *Adventures in Charisma*, DVD set, 2008

_, *Performance Boost*, Hypnosis CD, 2011

_, *Confidence Boost*, Hypnosis CD, 2011

www.nlp.ie에서도 확인 가능하다.

웹사이트

www.bandlervison.com

www.coach.tv

www.nlp.ie

www.nlp.mobi

www.nlpcoach.com

www.NLPInstitutes.com

www.owenfitzpatrick.com

www.purenlp.com

www.richardbandler.com

www.theultimateintroductiontonlp.com

NLP 협회

리처드 밴들러 라이선스 계약

신경언어 프로그래밍 협회는 NLP 모델을 대표하는 훈련 프로그램의 서비스와 교육 자료에 대한 질을 조절하려는 목적으로 설립되었다. 다음의 인장은 협회 인증을 나타내며 협회에서 승인된 트레이너임을 보여 준다. 여러분이 NLP 자료 구입과 세미나를 등록할 때, 이 인장을 보여 주도록 요청하라. 이것은 품질에 대한 보장이다.

많은 사람들이 처음 NLP를 소개받고 기술들을 배우려 할 때, 가능한 자료의 사용과 오용을 조심하는 것은 흔히 경험한다.

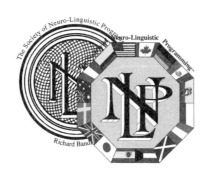

NLP 협회는 여러분과 주위 사람들의 보호를 위해 이제 참가자들로 하여금 이 기술을 배우는 사람들이 최상의 진실성을 가지고 그것을 사용할 것임을 보장하는 라이선스 계약에 서명할 것을 요구한다.

이것은 또한 여러분이 참여하는 모든 훈련이 최상의 질을 제공하며 트레이너들이 NLP와 인간 공학 디자인(Design Human Engineering)과 기타 분야에서 지속적인 발전에 대해 최신 정보를 가지고 있음을 보장해 준다.

추천 사이트

- http://www.NLPInstitutes.com
- http://www.NLPTrainers.com
- http://www.NLPLinks.com

NLP 협회

NLP^{TM} Seminars Group International PO Box 424 Hopatcong, NJ 07843 USA

전화 : (973)770-3600

웹사이트 : www.purenlp.com

저자 소개

리처드 밴들러 박사

리처드 밴들러(Richard Bandler) 박사는 NLP 공동 창시자이자 인간 공학 디자인(Design Human Engineering)과 신경 최면 리패터닝(Neuro Hypnotic Repatterning™)의 창시자이다.

지난 40년 동안 그는 개인의 변화 영역에서 가장 중요한 기여자들 중 한 사람이었다. 수학자, 철학가, 교사, 예술가 그리고 작곡가로서 그는 치료와 교육을 끊임없이 변화시킨 서적, 비디오, 오디오를 저작하였다. 또한 수많은 사람들, 그리고 그중에 많은 치료사들이 전 세계에 600개 이상의 기관에서 밴들러 박사의 인생 작업을 배웠다.

널리 인정받은 주요 연설가이자 워크숍 리더로서 그는 *Get the Life You Want, Make Your Life Great, Using Your Brain for a Change* 등의 저자이며, *Persuasion Engineering, Choose Freedom, The Secrets of Being Happy and Conversations with Richard Bandler*의 공동 저자이다.

리처드 밴들러의 워크숍과 세미나에 대한 더 많은 정보를 원한다면 www.richardbandler.com을 방문하라.

알레시오 로베르티

알레시오 로베르티(Alessio Roberti)는 세계에서 가장 큰 NLP 기관인 NLP 협회의 비즈니스 코칭의 국제 책임자이다. 그는 20년 이상 리처드 밴들러 박사의 작업을 공부해 오고 있다. 그는 또한 하버드 비즈니스스쿨과 옥스퍼드 비즈니스스쿨을 재학했다.

NLP 마스터 트레이너 자격증을 가지고 있으며, 지금까지 60,000명이 넘는 참가자들을 트레이닝 시켜 왔다. 또한 다양한 기업에서 세계적인 회사의 사장, 최고경영자, 고위 임원과 오너를 지도해 왔다.

그는 밴들러 박사, 오언 피츠패트릭과 함께 *Choose Freedom : Why Some People Live Happily and Others Don't*의 공동 저자이며 이 책은 7개의 언어로 번역되었다. 여러분은 www.coach.tv에서 알레시오와 연락할 수 있다.

오언 피츠패트릭

오언 피츠패트릭(Owen Fitzpatrick)은 국제적인 강연자이자 심리학자이다. 그는 *Conversations with Richard Bandler*와 *Choose Freedom*의 공동 저자이며 *Not Enough Hours : The Secret to Making Every Second Count*의 저자이다.

또한 백만장자들, 올림픽 운동선수들과 함께 작업하며 그들이 최고의 기량을 다할 수 있도록 돕고 있다. 그는 카리스마와 동기 분야에서 권위자이며 정기적으로 이 주제에 대한 중요한 연설과 기업 트레이닝을 전담한다.

그는 응용심리학 석사학위를 가지고 있을 뿐만 아니라 하버드 비즈니스스쿨에서 전략적 협상을 공부하였고 자격을 갖춘 심리치료사이자 최면치료사이다. NLP 아일랜드 협회의 공동 창시자이자 세계에서 최연소로 23세에 NLP 마스터 트레이너 자격을 취득한 영예를 이루었다.

오언은 콜롬비아에서 일본으로 그리고 이탈리아에서 태국으로 여행하면서 전 세계 20개국이 넘는 국가에서 사람들에게 삶을 향상시키고 그들의 사업들을 발전시키는 방법에 대해서 트레이닝 해 왔다.

당신은 www.owenfitzpatrick.com 또는 www.nlp.ie에서 오언에 대한 더 많은 정보를 찾을 수 있다.